Sylvia Schaab

Welche Qualität steckt dahinter?

GÜTESIEGEL
und was sie wert sind

südwest

Inhalt

Einleitung

Ob Lebensmittel, Möbel oder Kinderspielzeug – Qualitätssiegel finden sich überall. Es wird mit biologischem Anbau, fairem Handel, Benutzerfreundlichkeit oder Premiumqualität geworben. Doch was garantieren diese Kennzeichen wirklich? Bekommt man tatsächlich das, was auf dem Siegel versprochen wird?
Die inflationäre Verwendung von Qualitätskennzeichen verunsichert viele Verbraucher, denn in manchen Fällen bieten die Produkte nicht die Eigenschaften, die die Plaketten suggerieren. Andere Siegel sind dagegen mit strengen Kontrollen verbunden und können durchaus als Entscheidungshilfe beim Kauf eines Produktes empfohlen werden. Dieser Ratgeber soll Aufschluss darüber geben, welche Organisation hinter den jeweiligen Gütesiegeln steckt, welche Aussagen sie über das Produkt erlauben und welche Kontrollmechanismen zur Durchsetzung der Qualitätsstandards eingesetzt werden. Kurzum: Mithilfe dieses Ratgebers können Sie Qualitätssiegel richtig beurteilen.

Was bringen Gütesiegel?

Gütesiegel sind ein Phänomen, das in den 1990er Jahren aufkam, als die Verbraucher wegen Lebensmittelskandalen und BSE extrem verunsichert waren. Anfangs gab es viele Siegel, die nicht mit Qualitätsstandards unterlegt waren . Das ist heute anders. Das Geschäft mit den Siegeln hat sich weiterentwickelt. Viele Herausgeber haben erkannt, dass Verbraucher Gütesiegel auch hinterfragen und es strenger Vorgaben und Kontrollen bedarf, damit das Vertrauen nicht in kurzer Zeit in Misstrauen umschlägt.

Grundsätzlich ist zu unterscheiden, ob es sich bei den angebrachten Zeichen um Gütesiegel handelt, die etwas über die Qualität aussagen, oder um Kontrollzeichen, die belegen, dass gesetzliche Normen eingehalten werden. Darüber hinaus gibt es Markennamen, die für eine bestimmte Qualität oder Philosophie stehen. Ein staatliches Kontrollzeichen ist beispielsweise das EWG-Kontrollsystem für Bioprodukte, das an die Verpackungen angebracht werden muss.
Gütesiegel werden dagegen freiwillig verwendet. Sie sollen dem Verbraucher vermitteln, dass er ein besonders hochwertiges Produkt erwirbt. Viele dieser Siegel richten sich nach Qualitätsanforderungen, die ohnehin gesetzlich vorgeschrieben sind, sagen aber in der Regel nichts über ökologische oder soziale Aspekte aus.
Andere Siegel, insbesondere die Bio- und Ökosiegel, verbriefen dem Verbraucher, dass er deutlich mehr bekommt, als das Gesetz vorschreibt. Meist sind hier auch die Kontrollen strenger, sodass der Verbraucher einen verlässlichen Hinweis auf außergewöhnliche Qualität erhält. Die Zuverlässigkeit dieser Siegel erkennt man unter anderem daran, dass die Kriterien für die Kontrollen transparent gemacht werden.

Qualität oder Marketing?

Bei der Bewertung von Qualitätssiegeln ist vor allem wichtig zu wissen, wer sie vergibt. Gern schmücken sich Hersteller oder Erzeugerverbände mit Siegeln, die Premiumqualität versprechen. Sicherlich stechen diese Produkte qualitativ heraus, doch zunächst dienen Siegel und Urkunden der Absatzförderung. Siegellose Produkte sind deshalb nicht per se schlechter als welche mit Qualitätszeichen. Neben der Qualität treffen manche Siegel auch Aussagen über die

Produktionsbedingungen und die Stoffe, die die Waren enthalten. Das ist insbesondere für empfindliche Menschen mit Allergien interessant. Denn für manche Zutaten, die in hohen Dosen Allergien auslösen, fehlt bis heute die gesetzliche Kennzeichnungspflicht. Da kann ein Siegel oder eine Handelsmarke mit strengen Kriterien schon weiterhelfen. Denn einem Apfel sieht man ja nicht an, ob er mit Pflanzenschutzmitteln belastet ist.
Immerhin ist der Gesetzgeber bei allergenen Stoffen in Lebensmitteln einen Schritt vorangegangen. Seit Ende 2005 muss nach einer EU-Richtlinie auf Lebensmitteln verzeichnet sein, ob Spuren von einem der zwölf verbreitetsten potenziellen Allergene enthalten sind. Dazu zählen zum Beispiel glutenhaltige Cerealien, Fisch, Eier, Soja, Milch und laktosehaltige Milchprodukte sowie Nüsse. Ebenso existiert in der EU seit April 2006 eine Auszeichnungspflicht für Lebensmittel und Futtermittel, die gentechnisch veränderte Zutaten enthalten.

So haben wir die Siegel bewertet.

Um Ihnen einen schnellen Überblick zur Qualität und Glaubwürdigkeit des jeweiligen Siegels zu verschaffen, haben wir die fünf wichtigsten Bewertungskriterien herausgegriffen:

Unabhängigkeit
Transparenz
Regelmäßige Kontrolle
Gesetzliche Standards
Ökologie/ Umweltaspekt

Die jeweiligen Kriterien werden wie folgt bewertet:

⬇ bedeutet, dass dieses Kriterium nicht oder nur mangelhaft erfüllt wird

⬅ bedeutet, dass das Kriterium entsprechend den Mindestanforderungen oder zum Teil erfüllt wird.

⬆ bedeutet, dass die Standardanforderungen übertroffen oder ein Kriterium in besonders hohem Maß erfüllt wird.

◯ bedeutet, dass dieses Kriterium bei dem besprochenen Siegel nicht relevant ist.

Die Unabhängigkeit

Eine gewisse Unabhängigkeit ist gegeben, wenn zwischen Siegelgeber und -nehmer keine direkte Verbindung besteht. Vergibt aber etwa ein Branchenverband ein Siegel an seine Mitglieder, ist die Objektivität eingeschränkt. Die Standards orientieren sich dann auch an den Bedürfnissen der Hersteller und nicht nur an denen der Verbraucher. Glaubwürdiger werden die Siegel, wenn unterschiedliche Interessengruppen und Vereine wie Umweltverbände, Hilfsorganisationen oder Gewerkschaften bei der Siegelerstellung mitwirken. Die Kriterien werden dadurch differenzierter, und es gibt weniger Raum für Manipulation. Überprüft wird die Einhaltung der Standards meist von neutralen Instituten.

Transparenz und Kontrolle

Was nützt das schönste Siegel, wenn der Verbraucher nicht weiß, was dabei geprüft wird? Deswegen sollten die Vergabekriterien für jedermann einsichtig sein. Zudem sollten Siegelnehmer bei Verstößen gegen die Kriterien spürbar sanktioniert werden. Solche Mechanismen sind natürlich nur dann etwas wert, wenn die Einhaltung der Kriterien auch regelmäßig überprüft oder ein Siegel befristet verliehen wird und alle Nachweise regelmäßig erneuert werden müssen. Kontrollen sollten zumindest einmal jährlich stattfinden, und zwar sowohl angemeldet als auch unangemeldet.

Gesetzliche Standards

Viele Siegel beruhen lediglich auf der Garantie, dass die gesetzlichen Mindestanforderungen eingehalten werden. Das aber sollte ohnehin selbstverständlich sein, was solche Siegel eigentlich überflüssig macht. Die gesetzlichen Standards schließen grobe Gesundheitsrisiken aus.
Das heißt aber nicht, dass Schadstofffreiheit vorliegt. Gerade bei Allergikern oder Kleinkindern ist es extrem wichtig, dass in den Produkten keine Schadstoffe enthalten sind. Auch deswegen steigt der Wert eines Siegels, wenn die Vergabekriterien über den gesetzlichen Mindestanforderungen liegen.

Das Umweltkriterium

Zusätzlich haben wir einen Blick auf den ökologischen Aspekt bei der Siegelvergabe geworfen. Denn gesetzliche Anforderungen oder Schadstofffreiheit bedeuten nicht unbedingt, dass bei der Produktion besondere Rücksicht auf die Umwelt genommen wird. Deswegen wird der nachhaltige Umgang mit der Umwelt separat beurteilt.

Abschließend wird für jedes Siegel ein zusammenfassendes Fazit erstellt.

Dieser Einkaufsführer zeigt Ihnen, bei welchen Produkten Qualität, Sicherheit und Umweltverträglichkeit stimmen. Je mehr Sie auf solche Produkte zurückgreifen, desto größer wird die Nachfrage, und die Hersteller werden verstärkt solche Produkte auf den Markt bringen.

Siegel, Zeichen und Marken – und wer sie herausgibt

Es gibt eine Unmenge an unterschiedlichen Siegeln. Die Palette reicht von Gütesiegeln über Prüf- und Kontrollzeichen bis hin zu Markenzeichen. Gütesiegel oder Gütezeichen werden von Verbänden und Interessengemeinschaften herausgegeben. Innerhalb der Verbände wird dann ein Kriterienkatalog für das jeweilige Siegel erstellt und das Prozedere für die Vergabe und die Kontrolle festgelegt. Dabei arbeiten die Verbände dann mit externen Laboren und wissenschaftlichen Instituten zusammen, die das nötige Know-how mitbringen.
Viele Gütezeichen werden zusammen mit dem »Deutschen Institut für Gütesicherung und Kennzeichnung«, dem RAL, vergeben, das 1925 unter dem Namen »Reichsausschuss für Lieferbedingungen« gegründet wurde Es ist verantwortlich für mehr als 160 Gütezeichen. Sie reichen vom Baubereich über Dienstleistungen bis hin zu Lebensmitteln. Einige der Zeichen, wie das »CMA«-Gütezeichen der Centralen Marketing-Gesellschaft der deutschen Agrarwirtschaft oder das Umweltzeichen »Blauer Engel«, sind weitläufig bekannt. Berühmt ist das RAL auch für die »RAL-Farben«, die weltweit als Standard dienen

Wie erhält ein Gütezeichen seine Anerkennung?

Gütezeichen, die vom RAL anerkannt werden, müssen dessen Qualitätsanforderungen erfüllen. Auf Grundlage dieser Standards erarbeiten die Gütegemeinschaften ihre Vergabekriterien im Detail, die dann wiederum vom RAL geprüft und genehmigt werden. Die Benutzer der Güte-

zeichen verpflichten sich, die Gütebestimmungen einzuhalten und regelmäßig durch eigene und externe Prüfinstitutionen überwachen zu lassen.
Externe Kontrollinstitute sind beispielsweise die Landesgewerbeanstalt in Nürnberg (LGA), der TÜV Rheinland, der TÜV Bayern, das Institut Fresenius oder das Eco-Institut. Diese Dienstleistungsunternehmen geben zudem eigene Siegel heraus, deren Vergabe ähnlich wie beim RAL läuft.

Staatliche Prüfzeichen bestätigen, dass Produkte gemäß den geltenden Gesetzen hergestellt oder verarbeitet wurden. Dazu zählt zum Beispiel das »Bio-Siegel«, das ökologische Lebensmittel kennzeichnet und auf einer EU-Verordnung beruht. Hier wird die Einhaltung der Kriterien von Kontrollinstituten überwacht.
Zudem gibt es Prüf- und Sicherheitszeichen, die branchenübergreifend vergeben werden. Darunter fallen das »GS-Zeichen« und das »CE-Zeichen«, die ebenfalls bestätigen, dass Produkte staatlich vorgegebene Kriterien oder Normen erfüllen. Hinzu kommen noch so genannte Umweltzeichen wie der »Blaue Engel«, die für unterschiedliche Konsumgüter umweltfreundliche Kriterien festschreiben.
Auch Marken können für einen gewissen Qualitätsstandard stehen. Das ist vor allem bei den biologischen Erzeugerverbänden oder biologischen Handelsmarken der Fall, die sich intensiv mit ökologischer Handlungsweise beschäftigen. Welche Qualität Marken tatsächlich erfüllen, lässt sich aber nicht so einfach ablesen. Dazu müssen sich Verbraucher erst eingehend mit dem Unternehmen auseinander setzen.
Daher sind auch bei weniger bekannten Produkten Gütesiegel, die etwas über die Qualität aussagen, ein beliebtes Marketinginstrument.

Bei den Siegeln dieses Kapitels handelt es sich um Zeichen, die auf Produkten unterschiedlicher Gruppen auftauchen können. Sie fallen in die Kategorie Prüfzeichen, wie die Zeichen »CE« oder »GS«. Daneben finden sich Umweltzeichen, wie der »Blaue Engel«. Da es sich bei diesen Zeichen vielfach um technische Prüfzeichen handelt, können unsere Bewertungskriterien nicht angewandt werden. Wir kommentieren lediglich deren Inhalt und was Verbraucher daraus schließen können. Ausführlich wird die Aussage der Umweltzeichen in den jeweiligen Produktgruppen analysiert und bewertet.

Übergeordnete Siegel

Prüf- und Sicherheitszeichen

CE (Communauté Européenne)

Das Zeichen »CE« dient den Behörden als Bestätigung, dass die Sicherheit oder Gebrauchstauglichkeit der Produkte den Anforderungen der EU-Richtlinien entsprechen. Die ausgezeichneten Güter erfüllen damit die Bedingungen für den freien Handel auf dem europäischen Binnenmarkt. Zu finden ist das Zeichen auf allen Konsumgütern wie Spielzeug, Bauprodukte oder Maschinen.

▶ FAZIT: **Das Kennzeichen enthält keinerlei Aussagen über die Qualität von Produkten oder über produktspezifische Eigenschaften.**

GS-Zeichen »Geprüfte Sicherheit«

Das »GS-Zeichen« findet sich an Produkten, die nach ihrer Gerätesicherheit überprüft worden sind. Grundlage dafür ist das Geräte- und Produktsicherheitsgesetz (GPSG). Die Produkte müssen die sicherheitstechnischen Anforderungen in Bezug auf Mechanik, Elektronik und allgemeine Sicherheit erfüllen. Schadstoffreduktionen, die über die gesetzliche Mindestvorschrift hinausgehen, werden nicht geprüft.
Allerdings bieten einige Prüfinstitute wie der TÜV Süd die Möglichkeit, auf der von ihr verliehenen Plakette zusätzliche Grenzwerte anzugeben. Vergeben wird das »GS-Zeichen«

von verschiedenen Prüfinstituten, wie dem TÜV, dem VDE Prüf- und Zertifizierungsinstitut oder dem BG-PRÜFZERT, deren Logo das »GS-Zeichen« ergänzt.
Die Prüfung ist für den Hersteller freiwillig. Allerdings erhält er so die größtmögliche Gewissheit, dass seine Produkte den Rechtsvorschriften entsprechen und später keine Beanstandungen der zuständigen Behörde zu befürchten sind. Wer einmal die Anforderungen erfüllt hat, ist damit aber nicht aus dem Schneider. Produkt und Fertigungsstätten werden anschließend jährlich überprüft.
Bei Billigimporten häufen sich inzwischen Fälschungen des GS-Zeichens. Verbraucher sollten sich deshalb im Zweifelsfall bei der ausgebenden Stelle erkundigen.
Das BG-PRÜFZERT führt beispielsweise eine Datenbank mit den von ihr zertifizierten Produkte.
www.hvbg.de/d/bgp/pz/index.html

▶ FAZIT: **Verbrauchern bietet das»GS-Zeichen« eine Orientierung beim Kauf von auf Sicherheit geprüften Produkten.**

VDE-Zeichen

Der Verband der Elektrotechnik, Elektronik und Informationstechnik e.V., kurz VDE, ist ein Berufsverband, der aber hauptsächlich wegen seiner sehr aktiven Normungsarbeit und der Schaffung von VDE-Standards bekannt ist. Das »VDE«-Zeichen ist ein Erkennungszeichen für Sicherheit und Qualität von elektrischen Geräten. Die Kennzeichnung ist in Deutschland keine Pflicht. Als Grundlage für die Prüfungen dienen die VDE-Bestimmungen, einschlägige europäische oder internationale Normen sowie andere allgemein anerkannte Regeln der Technik. Bei der Prüfung werden elektrische, mechanische, thermische, radiologische, toxikologische sowie elektromagnetische Gefahren und Risiken berücksichtigt.

www.vde.de

▶ FAZIT: **Es empfiehlt sich, beim Kauf elektrischer Geräte auf die Kennzeichnung mit dem »VDE-Zeichen« zu achten, um sich auf die elektronische Sicherheit verlassen zu können.**

Umweltzeichen

Der Blaue Engel

Seit 1977 wird dieses Umweltzeichen nun schon vergeben. »Der Blaue Engel« wurde vom Bundesminister des Inneren und den für Umweltschutz zuständigen Ministern der Bundesländer ins Leben gerufen, um »Unsichtbares für Verbraucher, Handel und Hersteller sichtbar zu machen«. Es soll dort, wo normale Produkte die Umwelt belasten, umweltfreundliche Entwicklungen und Alternativen erkennbar machen. Das Umweltzeichen wird an die Hersteller vergeben, die diesen Kriterien entsprechen. Die Firmen können dann ihre Produkte mit dem »Blauen Engel« kennzeichnen.

Mittlerweile dürfen etwa 3 600 Waren und Dienstleistungen von etwa 580 Zeichennehmern im In- und Ausland den »Blauen Engel« tragen. Je nach Warengruppe bekommt der

»Blaue Engel« einen Zusatz, wie »weil strahlungsarm«, »weil engergiesparend« oder »weil schadstoffarm«. Die Kriterien gehen meist über die gesetzlichen Mindestanforderungen hinaus. An der Vergabe des »Blauen Engels« sind das Bundesumweltministerium, das Umweltbundesamt, das RAL , die Jury Umweltzeichen und eine Reihe anderer Interessengruppen beteiligt.
www.blauer-engel.de

▶ FAZIT: **Der »Blaue Engel« ist kein Unbedenklichkeitszeichen. Er besagt, dass das gekennzeichnete Produkt in seiner Produktgruppe das kleinste Übel in puncto Umweltbelastung darstellt.**

Das Europäische Umweltzeichen

Das »Europäische Umweltzeichen«, die Margarite, wird seit 1992 verliehen. Es findet sich auf Matratzen, Schuhen oder Haushaltsgeräten, wird aber auch für Dienstleistungen vergeben. Das Zeichen wird an Produkte mit geringeren Umweltbelastungen im Vergleich zu Mitbewerbern verliehen und kann dann vom Hersteller europaweit genutzt werden. Dabei werden die Umweltstandards so festgelegt, dass bis zu 30 Prozent der Produkte innerhalb einer definierten Gruppe die Kriterien des Zeichens erfüllen können.
Im Klartext: Auch Waren, die die Umwelt belasten, können das Zeichen bekommen. Diese Produkte zeichnet dann lediglich aus, dass sie etwas umweltfreundlicher sind als die Konkurrenz. Allerdings liegt der »EU-Blume« in der Regel

ein ganzheitlicher Ansatz zugrunde. Dass heißt, bei der Produktbewertung werden ökologische Anforderungen entlang dem gesamten Produktionsprozess berücksichtigt. Bei der Entwicklung der Kriterien und der Zeichenvergabe wirken Experten und unterschiedliche Interessengruppen mit. Die Umweltkriterien müssen von einer Mehrheit der Mitgliedstaaten angenommen und von der Europäischen Kommission verabschiedet werden. Dann gelten sie für eine Dauer von drei bis fünf Jahren, bis sie neu überarbeitet und möglicherweise auch verschärft werden, um einen höheren Standard zu erreichen.
Auf der Internetseite zum »Europäischen Umweltzeichen« kann man sich einen guten Überblick über einzelne Bestimmungen verschaffen und Hersteller finden, die dieses

▶ FAZIT: **Produkte, die mit einer »EU-Blume« ausgezeichnet sind, sind umweltfreundlicher als andere Produkte und oftmals nach den neusten wissenschaftlichen Erkenntnissen geprüft.**

Zeichen tragen:
www.eco-label.com/german
www.europa.eu.int/ecolabel

Nach BSE und Gammelfleisch wollen Sie als Verbraucher sicher wissen: Was steckt hinter all diesen schönen Qualitätssiegeln auf Lebensmittelverpackungen? Eine Qualitätsgarantie ist von einzelnen Herstellern schnell ausgesprochen, vertrauenswürdig ist sie deshalb noch lange nicht.
Etwas neutraler sind dagegen Gütesiegel, die von Landwirtschaftsverbänden, wie der CMA oder dem DLG vergeben werden. Hier finden die Prüfungen für die Siegelvergabe zusätzlich zu den gesetzlichen Anforderungen statt und erhöhen damit die Produktsicherheit. In der Regel stammen die ausgezeichneten Produkte aus konventioneller Landwirtschaft. Mehr Natur und Produktsicherheit findet sich im Segment Bio.

Essen und Trinken

Die Gütesiegel der CMA

Die Gütesiegel der CMA begleiten uns bereits viele Jahre und machen mit viel Werbung auf sich aufmerksam. Da heißt es: »Kleine Schweinerei gefällig?«, »Schneid Dir was aus den Lendchen« oder »Und ewig lockt das Fleisch«. Dahinter steht die Centrale Marketing-Gesellschaft der deutschen Agrarwirtschaft mbH, ein Vermarktungsunternehmen der deutschen Landwirtschaft. »Gutes aus deutschen Landen« ist das Motto dieser Gesellschaft, die deutsche Landwirte mit einer Zwangsabgabe finanzieren. Die Gesellschafter der CMA sind 43 Spitzenverbände der deutschen Land- und Ernährungswirtschaft.

Ihre Daseinsberechtigung hat die CMA aufgrund des 1969 vom Deutschen Bundestag verabschiedeten Absatzfondsgesetzes. Damals wollte man mit einer zentralen Absatzförderung die Wettbewerbsfähigkeit und die Umsätze der deutschen Agrarwirtschaft verbessern und gegen importierte Orangen, Marmeladen und Rinderhälften verteidigen. Etwa 0,4 Prozent ihres Umsatzes müssen heute alle Bauern an den so genannten Absatzfonds zahlen.

www.cma.de

Geprüfte Markenqualität

Die CMA zeichnet unter anderem Lebensmittel aus, die auf ihren Genusswert getestet sind. Beim Siegel »Geprüfte Markenqualität« werden seit 1972 Produkte aller Lebensmittelgruppen vom Bier über Brot und Obst bis hin zu Fertigbackmischungen

und Süßigkeiten ausgezeichnet. Die Produkte werden nach den geltenden Lebensmittelgesetzen, dem Futtermittelgesetz, der Tierschutzverordnung und den Hygienebestimmungen produziert und verarbeitet. Begutachtet wird die äußere Qualität wie Farbe, Konsistenz, Geruch und Geschmack. Die Qualitätsprüfungen finden zusätzlich zu der amtlichen Lebensmittelüberwachung statt.
Sie werden von Bundesforschungsanstalten, Landwirtschaftskammern sowie der Deutschen Landwirtschafts-Gesellschaft (DLG) durchgeführt. Bei Nichterfüllung der Qualitätskriterien wird das Gütezeichen aberkannt.

▶ FAZIT: **Die CMA-Gütezeichen kennzeichnen Produkte aus konventioneller Landwirtschaft. Bei der Vergabe steht der Genusswert im Vordergrund.**

- **Unabhängigkeit** ↓
- **Transparenz** →
- **Regelmäßige Kontrolle** ↑
- **Gesetzliche Standards** →
- **Ökologie/Umweltaspekt** ○

QS-Prüfzeichen

QS – Ihr Prüfsystem für Lebensmittel

Das »QS-Prüfzeichen« ist ein Produkt der QS GmbH, einer Gesellschaft der konventionellen Agrar- und Ernährungswirtschaft, die der CMA untersteht. Das Zeichen wurde nach dem Bekanntwerden von BSE eingeführt, um das »Vertrauen der Verbraucher in die Erzeugung, Verarbeitung und den Handel mit Lebensmitteln zu festigen und so auch möglichen Krisen entgegenzuwirken«, so die Gesellschaft. Nach anfänglicher Kritik wurde der Kriterienkatalog grundlegend überarbeitet und das Vergabekuratorium erweitert.

Das »QS-Zeichen« kennzeichnet Fleisch sowie Obst und Gemüse aus konventioneller Produktion. Die Anbaubetriebe müssen den detaillierten Vergabekriterien folgen, die sich an den gesetzlichen Bestimmungen orientieren. Der Einsatz von Gentechnik ist erlaubt.
Die Einhaltung der QS-Kriterien prüft die gleichnamige GmbH. Das »QS-Zeichen« wird dann von der CMA vergeben. Die Vergabekriterien werden laufend angepasst.
Zur Vergabe des Siegels wird jede Stufe der Produktion und Verteilung dokumentiert und geprüft. Werden bei den regelmäßigen Überprüfungen Verstöße festgestellt, führt dies zu Abmahnungen, Vertragsstrafen oder sogar zum Ausschluss, wenn nicht nachgebessert wird.
www.q-s.info

- ← Unabhängigkeit
- ← Transparenz
- ↑ Regelmäßige Kontrolle
- ← Gesetzliche Standards
- ↓ Ökologie/Umweltaspekt

▶ FAZIT: **Produkte, die mit dem »QS-Prüfzeichen« ausgezeichnet sind, stammen aus konventioneller Landwirtschaft und folgen den aktuellen gesetzlichen Produktionsbestimmungen.**

Gütezeichen der Deutschen Landwirtschafts-Gesellschaft (DLG)

Die Deutsche Landwirtschafts-Gesellschaft wurde 1885 gegründet. Sie ist eine offene Fachorganisation, deren Mitglieder sich aus Landwirten und Unternehmen zusammensetzen. Ziel ist, den Fortschritt in der Land- und Ernährungswirtschaft zu fördern. Dazu werden landwirtschaftliche Ausstellungen organisiert, Qualitätsmaßstäbe gesetzt und Prüfmethoden erarbeitet.

Im Lebensmittelbereich prüft die DLG verschiedene Lebensmittelgruppen, vergibt Gütesiegel und prämiert diverse Speisen und Getränke. Hersteller können sich freiwillig an den Qualitätswettbewerben beteiligen und bekommen bei positiver Prüfung des Produktes die Auszeichnung »DLG-prämiert«. Für Wein gibt es das »Deutsche Weinsiegel« sowie das »Güteband Wein«.

DLG-prämiert

Um die Auszeichnung »DLG-prämiert« zu bekommen, bewirbt sich der Hersteller mit seinem Produkt bei der DLG. Die Prämierung erfolgt auf Grundlage einer sensorischen Prüfung, die auf Geschmack, Aussehen, Farbe, Konsistenz, Geruch und äußere Beschaffenheit zielt.
Bei einigen Produkten werden noch mikrobiologische, chemische und physikalische Untersuchungen durchgeführt. Die DLG achtet dabei sowohl auf die Rohstoffauswahl als auch auf die Verarbeitung und Zubereitung. Ökologische sowie soziale Kriterien fallen nicht ins Gewicht.

www.dlg.org

▶ FAZIT: **Das Gütesiegel »DLG-prämiert« zeichnet Produkte aus, die einen besonders hohen sinnlichen Genuss bereiten.**

- Unabhängigkeit ➔
- Transparenz ➔
- Regelmäßige Kontrolle ↑
- Gesetzliche Standards ➔
- Ökologie/Umweltaspekt ○

Deutsches Güteband Wein

Das »Deutsche Güteband Wein« wird seit 2002 von der DLG an Winzergenossenschaften, Kellereien und Erzeugergemeinschaften und Weinhersteller vergeben. Es kennzeichnet Wein, der nach den Qualitätsstandards des DLG hergestellt wurde. Die Messlatte liegt dabei über den gesetzlichen Anforderungen, und der Weinanbau soll möglichst umweltschonend sein. Das heißt, es dürfen nur beschränkt Pflanzenschutzmittel, Herbizide oder Düngung eingesetzt werden. Dadurch soll der Lebensraum Weinberg langfristig erhalten werden. Auch die Reife, die Verarbeitung der Trauben, die Abfüllung und Lagerung ist vorgegeben. Kontrolliert wird der Wein von der Deutschen-Weinsiegel-GmbH, einer Tochtergesellschaft der DLG, auf allen Stufen der Prozesskette. Abschließend wird der Fasswein sensorisch nach Aussehen, Geruch, Geschmack und Gesamteindruck geprüft.

www.wein.de

- ← **Unabhängigkeit**
- ↑ **Transparenz**
- ↑ **Regelmäßige Kontrolle**
- ↑ **Gesetzliche Standards**
- ↑ **Ökologie/Umweltaspekt**

▶ FAZIT: Das »Deutsche Güteband Wein« bietet Verbrauchern eine gute Orientierung bei der Auswahl qualitativ hochwertiger und umweltschonend angebauter Weine.

Deutsches Weinsiegel

Das »Deutsche Weinsiegel« wird an deutsche Weine vergeben, die sich einer freiwilligen Qualitätsprüfung der DLG unterzogen haben. Die Vergabe des Siegels läuft über das RAL. Es unterscheidet drei verschiedene Geschmacksrichtungen: Das rote Siegel steht für »lieblich«, grün steht für »halbtrocken« und das gelbe Siegel steht für »trockene« Weine.

Um das Siegel zu bekommen, muss der Wein typisch für sein Anbaugebiet und die jeweilige Rebsorte sein, den weinrechtlichen Bedingungen entsprechen und selbst abgefüllt oder selbst hergestellt sein. Sind diese Bedingungen erfüllt, wird der Geschmack, der Geruch und das Aussehen des Weines untersucht. Werden mindestens 2,5 von 5 möglichen Punkten erreicht, erhält der Wein das entsprechende Siegel. Eine Prüfung auf Schadstoffe findet allerdings nicht statt.

▶ FAZIT: Das »Weinsiegel« hilft Verbrauchern bei der Auswahl von Weinen mit gutem Geschmack.

Unabhängigkeit
Transparenz
Regelmäßige Kontrolle
Gesetzliche Standards
Ökologie/Umweltaspekt

Neuform

»Neuform« kennzeichnet Produkte, die aus dem Reformhaus stammen. Sie erfüllen die Qualitätsrichtlinien der Vereinigung Deutscher Reformhäuser. Das Reformhaus-Konzept entwickelte sich Ende des 19. Jahrhunderts. Damals suchte die Bewegung der Lebensreformer Alternativen zum allgemeinen Produktangebot, das zunehmend aus den aufstrebenden Industrien stammte. Im Mittelpunkt standen Heilkräuter, pflanzliche Produkte als Ersatz für Fleisch, alkoholfreie Getränke und bequeme, natürliche Kleidung. Auf diese Weise entstanden Produkte wie Vollkornbrot, die Pflanzenmargarine, alkoholfreie Fruchtsäfte, Körperpflegeöle und Naturheilmittel.

Die Rohstoffe für »Neuform«-Produkte sind rückstandsarm, stammen vorwiegend aus ökologischer Landwirtschaft und sind gentechnisch nicht verändert. Produkte, die mindestens zu 95 Prozent aus ökologisch produzierten Rohstoffen stammen, tragen zusätzlich ein eigenes »Neuform-Biozeichen«. »Neuform«-Produkte müssen ohne chemisch-synthetische Zusatzstoffe verarbeitet werden. Die Höchstmengen für Rückstände von Pflanzenschutzmitteln liegen unter den gesetzlichen Grenzen. Alle tierischen Rohstoffe stammen aus artgerechter Tierhaltung. Rohstoffe vom toten Tier sind nicht zugelassen. Die Produkte sollen darüber hinaus möglichst wenig verpackt sein.

Neben Kontrollen von externen Instituten werden in hauseigenen Laboren die Waren laufend auf nicht erwünschte Schadstoffe wie beispielsweise Pestizide geprüft. Nur wenn die Qualität stimmt, werden die Produkte auch im Reformhaus verkauft. Das bedeutet im Umkehrschluss: Falls Rohstoffe oder auch Endprodukte nicht in der gewünschten Qualität verfügbar sind, können die Produkte vorübergehend nicht erhältlich sein.

www.neuform.de

▶ FAZIT: **Produkte mit dem »Neuform-Zeichen« bieten Verbrauchern hohe Produktsicherheit und Qualität.**

Unabhängigkeit ⬆
Transparenz ⬆
Regelmäßige Kontrolle ⬆
Gesetzliche Standards ⬆
Ökologie/Umweltaspekt ⬆

Vom NABU empfohlen – weil aus Streuobstprodukten

Das »NABU-Qualitatszeichen» ist auf Erzeugnissen aus Streuobst (Äpfel, Birnen, Kirschen, Zwetschgen oder Pflaumen) zu finden. Es wird vom Naturschutzbund an Unternehmen vergeben, die Streuobst oder die daraus hergestellten Produkte direkt oder über den Handel vermarkten. Ziel des Zeichens ist, den Naturschutz und eine umweltverträgliche Landnutzung zu unterstützen, Verbrauchern hochwertige Streuobstprodukte zu liefern und eine regionale Vermarktung zu fördern.

Um das »NABU-Zeichen» zu erhalten, müssen die Streuobsterzeugnisse auf Hochstamm-Obstbäumen wachsen, die mindestens 180 cm Stammhöhe aufweisen. Das Obst darf nicht mit Pestiziden behandelt und nicht chemisch gedüngt werden. Die Schadstoffhöchstmenge darf nicht überschritten werden. Der ökologische Aspekt sieht vor, dass nur

Streuobst aus Beständen verarbeitet und idealerweise auch vermarktet werden darf, das in einem 50-km-Radius liegt. Säfte, Weine und Cidre müssen in Mehrwegbehältnissen abgefüllt werden. Externe Institute werden mit der Probenentnahme und deren Überprüfung beauftragt. Beim Verstoß gegen die Anforderungen können zivil- und strafrechtliche Schritte eingeleitet werden.

www.nabu.de

- ↑ Unabhängigkeit
- ↑ Transparenz
- ↑ Regelmäßige Kontrolle
- ← Gesetzliche Standards
- ↑ Ökologie/Umweltaspekt

▶ FAZIT: **Produkte mit dem »NABU-Qualitätszeichen« stammen aus weitgehend schadstofffreiem Streuobst und sind umweltschonend erzeugt und verarbeitet worden.**

Das internationale Thunfisch-Kontrollprogramm – »Dolphin Safe«

Das »internationale Thunfisch-Kontrollprogramm« wird vom amerikanischen Earth Island Institute (EII) durchgeführt. Es kontrolliert Thunfischfänger und Verarbeitungsfirmen. Weltweit haben sich 300 Firmen verpflichtet, Thunfisch so zu fangen, dass dabei keine Delfine getötet werden. Anders gefangener Thunfisch darf weder verarbeit noch angeboten werden. Die Firmen legen die relevanten Unterlagen wie Einfuhr-/Ausfuhrpapiere, Schiffslogbücher oder Konserven dem EII zur Kontrolle vor und werden regelmäßig vor Ort, also am Hafen, bei den Verarbeitungsfirmen sowie in den Kühllagerräumen, überprüft. In Deutschland hat die

»Gesellschaft zur Rettung der Delphine« (GRD) die Aufgabe übernommen, die dem Programm angeschlossenen deutschen Importeure und Händler zu kontrollieren. Vierteljährlich müssen die deutschen Firmen ihre Einkaufsbelege einreichen, damit die GRD nachvollziehen kann, von wem der entsprechende Thunfisch bezogen wurde. In Deutschland sind Logos wie etwa »delfinsicher« nicht gesetzlich geschützt, sodass jeder derartige Aufschriften anbringen kann. Daher hat EII das »SAFE«-Logo europaweit schützen lassen. Es darf nur von Firmen verwendet werden, die dem Kontrollprogramm angeschlossen sind.

www.delphinschutz.org

www.earthisland.org/dolphinSafeTuna

▶ FAZIT: **Nur Thunfischdosen, die mit dem »Safe«-Logo ausgestattet sind, enthalten Thunfisch aus delfinschützendem Fang. Um sicherzugehen, dass keine Fälschung vorliegt, kann man bei der GDR die aktuelle Liste der Importeure und Händler besorgen.**

Unabhängigkeit	↑
Transparenz	↑
Regelmäßige Kontrolle	↑
Gesetzliche Standards	○
Ökologie/Umweltaspekt	↑

Marine Stewardship Council

Das Label »Marine Stewardship Council« kennzeichnet Fisch und Meeresfrüchte aus umweltgerechter Fischerei. Dahinter steht der Marine Stewardship Council (MSC), eine Organisation, die Standards für einen nachhaltigen Fischfang aufgestellt hat. Im MSC haben sich Vertreter von Umweltverbänden und der Fischwirtschaft zusammengefunden. Die aufgestellten Kriterien sollen den Erhalt und die Wiederherstellung gesunder Fischbestände fördern und das Ökosystem Meer, seine Struktur, Produktivität, Funktion und Vielfalt, erhalten. Die angeschlossenen Fischer unterliegen einem Fischerei-Management-System, das lokale, nationale und internationale Gesetze und Richtlinien berücksichtigt und eine nachhaltige Nutzung der Ressourcen vorsieht.

Die »MSC«-Kriterien beziehen sich ausschließlich auf die Erhaltung des Fischbestands. Soziale Aspekte spielen keine Rolle. Bei der Umweltorganisation Greenpeace ist das Siegel unlängst in die Kritik geraten. Die Umweltschützer werfen der MSC unter anderem vor, auch Waren auszuzeichnen, die aus überfischten Gründen stammen.

www.msc.org

- ↑ **Unabhängigkeit**
- ↑ **Transparenz**
- ↑ **Regelmäßige Kontrolle**
- ← **Gesetzliche Standards**
- ↑ **Ökologie/Umweltaspekt**

▶ FAZIT: **Das »MSC-Siegel« bietet Verbrauchern die Möglichkeit, sich für Fisch zu entscheiden, mit dessen Fang kein Raubbau an der Natur betrieben wurde.**

Neuland

»Neuland« steht für Fleisch und Fleischprodukte, die aus einer artgerechten und umweltschonenden Nutztierhaltung stammen. Das Zeichen wird vom Neuland-Verein für tiergerechte und umweltschonende Nutztierhaltung e.V. vergeben, der 1988 vom Deutschen Tierschutzbund, der Arbeitsgemeinschaft bäuerlicher Landwirtschaft, dem Bund für Umwelt und

Naturschutz Deutschland, dem Bundeskongress entwicklungspolitischer Aktionsgruppen – Agrarkoordination BUKO und der Verbraucher-Initiative gegründet wurde. Die Kriterien sehen vor, dass Tiere aus robusten Rassen gezüchtet werden und Zukäufe nur von anderen Neuland-Betrieben stammen dürfen. Weiterhin ist die Ausstattung des Stalles, der ganzjährige Auslauf und die Zusammensetzung des Futters geregelt, das ausschließlich aus heimischen Futtermitteln stammen darf. Ökologisches Futter ist keine Pflicht. Antibiotika und Wachstumsförderer sowie synthetische und tierische Futtermittel wie Fisch- oder Tiermehl sind verboten. Gentechnik ist generell ausgeschlossen. Bei der Schlachtung sind kurze Transportwege (max. 4 Std.) vorgeschrieben.
www.neuland-fleisch.de

▶ FAZIT: **Das »Neuland«-Label garantiert Fleisch aus artgerechter und umweltschonender Tierhaltung.**

- Unabhängigkeit ↑
- Transparenz ↑
- Regelmäßige Kontrolle ↑
- Gesetzliche Standards ↑
- Ökologie/Umweltaspekt ↑

Geprüfte Qualität

Das Prüfsiegel wird von der TÜV SÜD Management Service GmbH, einer Tochtergesellschaft des TÜV SÜD vergeben und kennzeichnet abgepackte Lebensmittel. Zunächst müssen die Hersteller einige Basisvoraussetzungen erfüllen und die grundsätzliche Lebensmittelsicherheit beim Herstellungsprozess, der Personalhygiene, der Lieferantenauswahl und

-qualifizierung und anderen Aspekten gewährleisten. Darüber hinaus werden je nach Produktgruppe Prüfkriterien erarbeitet, die den neusten wissenschaftlichen Erkenntnissen entsprechen.

Diese Qualität wird durch verdeckte Einkäufe der zertifizierten Produkte im Lebensmitteleinzelhandel und durch anschließende labortechnische Überprüfung durch den TÜV auf die Erfüllung der gesetzlichen Anforderungen überprüft. Nur wenn alle Kriterien bestätigt worden sind, darf der Hersteller für die definierten Produkte das Prüfzeichen »Geprüfte Qualität« verwenden.

www.tuev.sued.de/lebensmittelsicherheit

- ← Unabhängigkeit
- ← Transparenz
- ↑ Regelmäßige Kontrolle
- ↑ Gesetzliche Standards
- ← Ökologie/Umweltaspekt

▶ FAZIT: **Das TÜV-Prüfzeichen »Geprüfte Qualität« bietet eine gute Orientierung, um konventionell produzierte Lebensmittel in geprüfter Qualität zu kaufen.**

Eier aus kontrollierter Haltungsform

Hinter diesem Siegel steht der Verein für kontrolliert alternative Tierhaltung (KAT) e.V., ein Zusammenschluss von Eierproduzenten, Tierschutzorganisationen und Handelsunternehmen, der Eier aus Freilandhaltung oder Bodenhaltung kontrolliert. Die Grundlage des KAT-Kontrollsystems in Legebetrieben sind die EG-Vermarktungsnormen für Eier sowie die Verordnung über den ökologischen Landbau. Da es innerhalb der EU unterschiedliche

Auslegungen dieser Bestimmungen gibt, gehen die KAT Haltungsanforderungen über die Anforderungen der EU-Vorgaben hinaus.

Die Hühner müssen in der Freilandhaltung uneingeschränkten Auslauf und begrünte Auslaufflächen mit Unterschlupfmöglichkeiten und Tränken haben. Pro Stalleinheit dürfen maximal 6000 Tiere gehalten werden, Tageslicht und Sitzstangen müssen ausreichend sein. Alle Stufen der Produktion überprüfen externe Institute.

www.was-steht-auf-dem-ei.de

▶ FAZIT: **An dem »KAT«-Prüfsiegel erkennt der Verbraucher Eier aus tiergerechter Boden- und Freilandhaltung leicht und verlässlich. Zusätzlich kann man anhand der Prüfnummer auf dem Ei ein Bild des Legebetriebs im Internet ansehen.**

- Unabhängigkeit ↑
- Transparenz ↑
- Regelmäßige Kontrolle ↑
- Gesetzliche Standards ↑
- Ökologie/Umweltaspekt ↑

Dass sich der Biomarkt im Aufschwung befindet, zeigt sich auch an der Vielzahl verschiedener Siegel und Marken. Verwirrend: Meist finden sich gleich mehrere Siegel auf den Etiketten. Das hat sich mit der Einführung des »Bio-Siegels« nach EU-Verordnung gebessert. Damit wurde ein einheitlicher, verlässlicher Standard geschaffen. Daneben existieren noch die Siegel der ökologischen Anbauvereinigungen, einige ökologische Handelsmarken sowie die Eigenmarken von Supermarktketten.

Bei den Bezeichnungen »bio« und »öko« hat der Verbraucher eine große Sicherheit, was den Inhalt betrifft. Denn seit Einführung der 1991 erlassenen EU-Öko-Verordnung sind diese Begriffe gesetzlich geschützt. Das heißt, alle Produkte, die mit solchen Bezeichnungen werben, müssen der Verordnung entsprechen.

Als erkennbares Zeichen tragen diese Produkte dann entweder das deutsche Bio-Siegel oder das europäische Label »Ökologischer Landbau.«

Bioprodukte

Bio-Gütesiegel nach EU-Normen

Produkte, die den Kriterien der EU-Öko-Verordnung (EWG) 91/2092 zum ökologischen Landbau entsprechen, werden mit dem »EU-Label ökologischer Landbau« gekennzeichnet. In Deutschland gilt zusätzlich das »Bio-Siegel«, das 2001 vom Bundesministerium für Verbraucherschutz, Ernährung und Landwirtschaft eingeführt wurde, um mit einheitlichen Standards den Einkauf von Öko-Produkten zu erleichtern.

Mit dem »EU-Biosiegel« werden Produkte gekennzeichnet, deren Zutaten zu mindestens 95 Prozent aus ökologischem Landbau stammen. Die Bestrahlung der Lebensmittel, die Verwendung gentechnisch manipulierter Organismen sowie der Gebrauch von chemisch-synthetischem Pflanzenschutz und mineralischem Dünger ist verboten. Pflicht ist auch der Anbau abwechslungsreicher Fruchtfolgen auf den Feldern, flächengebundene und artgerechte Tierhaltung und die Fütterung der Tiere mit ökologisch produzierten Futtermitteln.

Die Kriterien des EU-Biosiegels sind der kleinste gemeinsame Nenner innerhalb der europäischen Gemeinschaft und bei weitem nicht so streng wie die der ökologischen Anbauverbände oder einzelner Bio-Marken. Nach dem »EU-Siegel« kann beispielsweise in einem Betrieb ökologischer und konventioneller Landbau nebeneinander betrieben werden. Die Umstellungszeit von konventioneller auf ökologische Anbauweise beträgt nur ein Jahr – die meisten ökologischen Anbauverbände verlangen mindestens zwei Jahre. Staatlich zugelassene Kontrollstellen überprüfen die

Einhaltung des EU-Standards, kennzeichnen die Produkte mit einer EG-Kontrollnummer und überprüfen jährlich alle Erzeugungs- und Verarbeitungsstufen der Produkte. Der EG-Kontrollcode setzt sich aus dem Länderkürzel, der dreistelligen Kontrollstellennummer und den Worten »Öko-Kontrollstelle« zusammen (z. B. DE-001-Öko-Kontrollstelle). Jede Kontrollstelle hat einen eigenen Code, der Aufschluss darüber gibt, wer die Prüfung durchgeführt hat.

www.bio-siegel.de

- ↑ Unabhängigkeit
- ↑ Transparenz
- ↑ Regelmäßige Kontrolle
- ← Gesetzliche Standards
- ↑ Ökologie/Umweltaspekt

▶ FAZIT: **Das EU-Biosiegel schafft klare Verhältnisse im Siegel-Dschungel und hilft Verbrauchern, europaweit Bioprodukte auszumachen, die den Kriterien der EU-Öko-Verordnung entsprechen.**

Deutsche Anbauverbände

Während die konventionelle Landwirtschaft vor allem bestrebt ist, Erträge zu maximieren, will die ökologische Landwirtschaft die natürliche Bodenfruchtbarkeit fördern, um im Einklang mit der Natur gesunde und rückstandsfreie Nahrungsmittel zu erzeugen. In der ökologischen Landwirtschaft gibt es zwei Möglichkeiten des Anbaus. Zum einen gibt es den biologisch-organischen Anbau, die Basisvariante des ökologischen Landbaus. Sie beruht auf der Einhaltung geschlossener Nährstoffkreisläufe. So stammen Saatgut oder Zuchttiere nur aus ökologischen Quellen. Zudem verzichtet die biologisch-organische Landwirtschaft auf chemische Pestizide und arbeit nur mit natürlichen Stoffen.

Die zweite Variante, der biologisch-dynamische Anbau geht darüber hinaus und gilt als nachhaltigste Landwirtschaft. Sie beruht auf der Philosophie Rudolf Steiners und orientiert sich auch am Lauf der Sterne.
Die Anbaurichtlinien der Bioverbände werden von der Internationalen Vereinigung der biologischen Landbaubewegungen (IFOAM) geregelt. Sie setzt den Standard für ökologische Landwirtschaft und hat ein Rahmenwerk für Öko-Zertifizierungen entwickelt, welches richtungsweisend für die EU-Öko-Verordnung war. Allerdings gehen die Kriterien der Anbaubetriebe über die Anforderungen der EU-Öko-Verordnung hinaus. Deswegen stellen wir die Anbauverbände im Einzelnen vor.

www.ifoam.org

www.bmelv.de (Landwirtschaft/Ökologischer Landbau)

Demeter

Produkte, die das »Demeter«-Zeichen tragen, stammen aus biologisch-dynamischer Landwirtschaft. Neben Lebensmitteln gibt es unter diesem Label auch naturbelassene Kosmetik sowie Textilien aus Wolle und Baumwolle. Das Zeichen wird vom Demeter-Bund e.V. vergeben, der bereits seit 1924 existiert. Um das Siegel zu erhalten, muss ein Betrieb entsprechend den »Demeter«-Richtlinien wirtschaften. Die Umstellung des gesamten Betriebes muss nach einer ersten Umstellungsanerkennung in maximal fünf Jahren erfolgen.
Hinter der Marke »Demeter« steht ein ganzheitliches Weltbild, das auf Rudolf Steiners Idee zurückgeht, dass auch

kosmische Kräfte bei der Nahrungsmittelerzeugung wirken. Demeter-Bauern betrachten ihren Hof als einen lebendigen, in sich geschlossenen Organismus, der nicht nur materiellen, sondern auch immateriellen Einflüssen unterliegt. Beispielsweise werden die Einwirkungen des Mondes und der Planeten im Pflanzenbau und bei der Tierhaltung berücksichtigt. Zudem werden regelmäßig so genannte biologisch-dynamische Präparate eingesetzt, die aus Heilkräutern, Mineralien und Kuhdung bestehen. Die Einhaltung der Kriterien wird von einem Anerkennungs-Gremium sowie von so genannten Demeter-Betriebspaten überprüft.

www.demeter.de

- ← Unabhängigkeit
- ↑ Transparenz
- ↑ Regelmäßige Kontrolle
- ↑ Gesetzliche Standards
- ↑ Ökologie/Umweltaspekt

▶ FAZIT: **Wer Produkte aus dem Hause »Demeter« kauft, bekommt nicht nur ökologische, sondern auch ganzheitliche Ware. Das Zeichen bürgt dafür, dass die entsprechenden Produkte frei von jeglichen künstlichen Zusätzen sind.**

Biokreis

Waren, die mit dem Label »Biokreis» ausgezeichnet sind, stammen aus einem der Mitgliedsbetriebe des Anbauverbands Biokreis e.V., einem Zusammenschluss von ökologisch wirtschaftenden Betrieben in Ostbayern. Er existiert seit 1979 und umfasst Betriebe mit biologisch-dynamischer und biologisch-organischer Landwirtschaft. Nach einer Umstellungszeit auf ökologischen Landbau von mindestens zwei Jahren darf der Betrieb die Aufnahme beantragen. Biokreis beauftragt einmal jährlich externe Kontrolleure und vergibt bei einer positiven Prüfung das Zertifikat zur Zeichennutzung neu. Zusätzlich finden bei etwa 20 Prozent der Betriebe unangemeldete Stichproben statt.

www.biokreis.de

▶ FAZIT: **Produkte mit dem »Biokreis« garantieren kontrolliert ökologischen Anbau.**

Unabhängigkeit	→
Transparenz	↑
Regelmäßige Kontrolle	↑
Gesetzliche Standards	↑
Ökologie/Umweltaspekt	↑

Bioland

Das »Bioland-Siegel« steht für organisch-biologischen Landbau, der auf der Tradition der Schweizer Bauernheimatbewegung aus dem beginnenden 20. Jahrhundert beruht. Damals kam in der Landwirtschaft gerade die chemisch-technische Wirtschaftsweise auf, die von der Industrie abhängt. Im Gegensatz dazu setzte diese Bewegung auf die Schaffung möglichst geschlossener Betriebskreisläufe.

Heute gehören dem größten Bio-Anbauverband Deutschlands, der 1971 gegründet wurde, mehr als 4 500 Bauern und über 700 Lebensmittel-Hersteller wie Molkereien, Bäckereien, Metzgereien und Saftproduzenten an.

Bioland-Betriebe dürfen ausschließlich ökologisch bewirtschaftet werden, der Einsatz chemischer Dünger ist verboten. Saatgut muss aus ökologischem Anbau und die Tiere

aus ökologisch wirtschaftenden Betrieben stammen. Krankheiten werden mit Therapien aus der Naturheilkunde und Homöopathie behandelt. Der landwirtschaftliche Betrieb wird an die ökologischen Bedingungen des Standortes angepasst. Dies geschieht beispielsweise durch eine vielseitige Fruchtfolge, die Nutzung von hofeigenem Dünger sowie einer lockernden Bodenbearbeitung. Jeder Betrieb wird mindestens einmal jährlich von externen Kontrolleuren im Auftrag von Bioland geprüft. Werden die Kriterien nicht eingehalten, drohen zeitweiliger oder kompletter Ausschluss.
www.bioland.de

- ← **Unabhängigkeit**
- ↑ **Transparenz**
- ↑ **Regelmäßige Kontrolle**
- ↑ **Gesetzliche Standards**
- ↑ **Ökologie/Umweltaspekt**

▶ FAZIT: **Das »Bioland«-Zeichen bietet Verbrauchern eine gute Orientierung für echte Bio-Produkte.**

Gäa – ökologischer Landbau

Gäa e.V.
Ökologischer Landbau

Hinter dem Label »Gäa« steht ein Anbauverband, der seinen Schwerpunkt im Osten Deutschlands hat. Der Name Gäa (Gaia) stammt aus der altgriechischen Mythologie und bedeutet Urmutter Erde. 1988 gründete sich der Verband als Arbeitsgemeinschaft für ökologischen Landbau in der DDR. »Gäa» wird durch die Beteiligung verschiedener Interessengruppen unterstützt. Die Landwirtschaft der »Gäa-Bauern« arbeitet nach organischen und dynamischen Prinzipien. Dazu gehört organische Düngerwirtschaft, abwechslungsreiche Fruchtfolgen, artgerechte und vielseitige Tierhaltung, ökologisch orientierte Flurgestaltung sowie biologische Schädlingsabwehr. Darüber hinaus sind Energie- und Rohstoffsparsamkeit, Gewässer- und Bodenschutz, Luftreinhaltung, Landschaftspflege und Naturschutz im »Gäa«-Landbau verankert.

Jährlich wird die Einhaltung der Kriterien von staatlich zugelassenen Kontrollstellen überprüft. Zusätzlich werden bei 15 Prozent der Betriebe unangemeldete Kontrollen durchgeführt. Beim Verstoß gegen die Richtlinien wird dem Betrieb die Zeichennutzung zeitweise oder ganz entzogen.

www.gaea.de

▶ FAZIT: **Das »Gäa«-Zeichen bürgt für streng nach den Richtlinien produzierte Bio-Produkte.**

Unabhängigkeit →
Transparenz ↑
Regelmäßige Kontrolle ↑
Gesetzliche Standards ↑
Ökologie/Umweltaspekt ↑

Naturland

Seit 1982 existiert der »Naturland«-Verband für naturgemäßen Landbau e.V., dem Erzeuger und Verarbeiter von Bioprodukten angehören. Der Verband zertifiziert weltweit Ökoprodukte. Das Gütezeichen »Naturland« tragen Waren, die von Mitgliedsbetrieben nach den ganzheitlichen Kriterien des Verbandes hergestellt wurden. Das gilt für den Weinbau, den Gartenbau, den Landbau und die Aquakultur (Fische und Meeresfrüchte). Darüber hinaus gibt es spezielle

Richtlinien für die Weiterverarbeitung von landwirtschaftlichen Produkten, für Textilien, für Imkerei, für die Waldnutzung und für Holz.

Für das Zertifizierungsverfahren sind drei voneinander unabhängige Gremien verantwortlich: die Richtlinienkommission, die Anerkennungskommission und eine unabhängige Kontrollstelle. In allen Instanzen sind verschiedene Interessengruppen (z. B. Verbraucher, Hersteller) vertreten. Die Einhaltung der Kriterien wird jährlich überprüft, das Siegel immer nur für 12 Monate vergeben.

www.naturland.de

- ← **Unabhängigkeit**
- ↑ **Transparenz**
- ↑ **Regelmäßige Kontrolle**
- ↑ **Gesetzliche Standards**
- ↑ **Ökologie/Umweltaspekt**

▶ FAZIT: **Das »Naturland«- Zeichen garantiert weltweit echte Bio-Produkte.**

Biopark

Das »Biopark«-Label kennzeichnet Produkte aus biologisch-organischer Landwirtschaft. Hinter dem Label steht der Anbauverband Biopark e.V., der 1991 gegründet wurde. Er setzt sich aus Vertretern von Umweltverbänden und Landwirten sowie Wissenschaftlern zusammen. Das Label wird von einer ehrenamtlichen Zertifizierungskommission des Verbandes nach einer zweijährigen Umstellungszeit der Betriebe auf den ökologischen Landbau vergeben. Kontrolliert wird die Einhaltung der Kriterien jährlich durch eine staatlich zugelassene, unabhängige Kontrollstelle sowie durch unangemeldete Stichproben.

www.Biopark.de

▶ FAZIT: **Produkte, die das »Biopark«-Zeichen tragen, stammen aus biologisch-organischem Anbau.**

Unabhängigkeit	→
Transparenz	↑
Regelmäßige Kontrolle	↑
Gesetzliche Standards	↑
Ökologie/Umweltaspekt	↑

Ecovin

Das Warenzeichen »Ecovin« wird vom Ecovin Bundesverband Ökologischer Weinbau herausgegeben. Er wurde 1985 als größter Zusammenschluss ökologisch arbeitender Weingüter in Deutschland gegründet. Mittlerweile sind etwa 200 Weingüter Mitglied. Sie bewirtschaften derzeit 870 Hektar Rebfläche in zehn deutschen Anbaugebieten nach den Verbands-Richtlinien, die zusätzlich zur EU-Öko-Verordnung für die Erzeugung von Trauben, Weinen, Säften und Sekten gelten. Beispielsweise muss der Weinberg zur Erhaltung der Bodenfruchtbarkeit und Artenvielfalt begrünt werden, es ist verboten synthetischen Dünger anzuwenden; und es sollen widerstandsfähige, gesunde Rebsorten verwendet werden. Der Einsatz von chemisch-synthetischen Stoffen und genmanipulierten Pflanzen ist verboten, die Gewässer- und Bodenbelastung durch Pflanzenschutzmittel soll reduziert werden. Das »Ecovin«-Label wird nur an Weingüter vergeben, die ihren gesamten Betrieb auf ökologische Wirtschaftsweise umgestellt haben. Die Betriebe werden einmal jährlich von einer staatlich zugelassenen Kontrollstelle durchleuchtet.

www.ecovin.org

- Unabhängigkeit (←)
- Transparenz (↑)
- Regelmäßige Kontrolle (↑)
- Gesetzliche Standards (↑)
- Ökologie/Umweltaspekt (↑)

▶ FAZIT: Mit dem »Ecovin-Zeichen« haben Verbraucher eine gute Orientierung beim Kauf von Öko-Wein.

Bio-Marken

Neben den Anbauverbänden haben sich auch Lebensmittelhersteller daran gemacht, ökologische Produkte herzustellen. Viele dieser Produzenten haben eine lange Tradition, die noch aus Zeiten vor der EU-Öko-Verordnung stammen. Ihre gesamte Firmenphilosophie unterliegt einem ganzheitlichen Ansatz, und in der Regel stammen die Rohstoffe von den Anbauverbänden, deren Richtlinien weitergehen als die der europäischen Verordnung.

Alnatura

ALNATURA®

Unter der Marke »Alnatura« werden Produkte aus ökologischer Landwirtschaft, die bevorzugt nach den Richtlinien der ökologischen Anbauverbände wie Bioland und Naturland oder auf Grundlage biologisch-dynamischer Wirtschaftsweise erzeugt worden sind, zusammengefasst. Dabei wird besonders darauf geachtet, dass auf chemisch-synthetische Düngemittel und synthetische Pflanzenschutzmittel verzichtet wird, Tiere artgerecht gehalten werden, keine Gentechnik eingesetzt wird und Rohstoffe schonend verarbeitet werden.

Kontrolliert wird gemäß der EU-Öko-Verordnung von unabhängigen, staatlich zugelassenen Kontrollstellen, die durch eigene Qualitäts- und Sicherheitskontrollen bei den Rohstoffen ergänzt werden. Dabei wird auf Pestizid- und Schwermetall-Rückstände und auf mikrobiologische Belastungen geprüft.

www.alnatura.de

▶ FAZIT: **Beim Griff nach »Alnatura«-Produkten erhält der Verbraucher echte Bio-Qualität, die über die gesetzlichen Bestimmungen hinausgeht.**

Unabhängigkeit ↓
Transparenz ↑
Regelmäßige Kontrolle ↑
Gesetzliche Standards ↑
Ökologie/Umweltaspekt ↑

Lebensbaum

Unter dem Eigenmarken-Label »Lebensbaum« bietet die Firma Ulrich Walter GmbH ökologischen Tee, Kaffee, Gewürze und Arzneikräuter an, die auch den Richtlinien der Bundesverbände Naturkost Naturwaren, einem Zusammenschluss von ökologischen Herstellern sowie Groß- und Einzelhändlern, folgen. Die Produkte werden werteerhaltend erzeugt und verarbeitet und enthalten keine synthetischen Zusatzstoffe. Beim Einkauf der Rohstoffe wird auf fairen Handel gesetzt,

und einige Produkte tragen zusätzlich das TransFair-Siegel (siehe Seite 51). Qualitätskontrollen finden sowohl intern als auch extern statt. Die Produkte werden auf Pestizidrückstände, Schwermetalle, mikrobiologische Belastung, ätherischen Ölgehalt und anderes untersucht.
Das Konzept des Unternehmens steht für Nachhaltigkeit auf allen Ebenen. So wird der Energiebedarf der Firmenzentrale zu 100 Prozent über regionale Windkraft gedeckt, und ein firmeneigenes Umweltmanagement-System optimiert die betrieblichen Abläufe unter ökologischen Gesichtspunkten. Zudem werden mehrere Forschungsprojekte unterstützt, um beispielsweise Methoden zur besseren Messbarkeit ökologischer Lebensmittelqualität zu entwickeln.

www.lebensbaum.de

- ↓ Unabhängigkeit
- ↑ Transparenz
- ↑ Regelmäßige Kontrolle
- ↑ Gesetzliche Standards
- ↑ Ökologie/Umweltaspekt

▶ FAZIT: **Wer Produkte der Marke »Lebensbaum« kauft, bekommt ökologisch erzeugte und fair gehandelte Ware mit hohen Qualitätsstandards.**

Rapunzel

Waren der Marke »Rapunzel« werden von der Rapunzel Naturkost AG verkauft. Das Unternehmen startete 1975 als Naturkostladen in Augsburg. Ausschlaggebend für die Gründung war der Wunsch, sich absolut gesund und vegetarisch zu ernähren.
Verkauft werden hauptsächlich pflanzliche Lebensmittel, aber auch Käse. Die Ware ist so ausgezeichnet, dass die

Käufer erkennen, ob sie aus biologisch-organischem Anbau oder biologisch-dynamischem Anbau stammt. Doch nicht nur die Qualität der Lebensmittel ist dem Unternehmen wichtig, sondern auch die Lebensqualität der anbauenden Bauern. Deshalb gibt es zusätzlich die fairen »Hand-in-Hand«-Kriterien. Ein bis zweimal jährlich wird die Einhaltung der Kriterien von externen Inspektoren überprüft. Zusätzlich wird die Produktqualität im Rahmen von Probenanalysen durch hauseigene und externe Labors kontrolliert.
www.rapunzel.de

▶ FAZIT: **Hinter den Produkten von »Rapunzel« stecken nicht nur ökologische Grundsätze, sondern auch soziales Engagement und fairer Handel.**

Unabhängigkeit	↓
Transparenz	↑
Regelmäßige Kontrolle	↑
Gesetzliche Standards	↑
Ökologie/Umweltaspekt	↑

Ökologische Handelsmarken

Biomarken nehmen in den Regalen der Supermärkte immer mehr Platz ein. Einer der Ersten, die auf ökologische Lebensmittel setzten, war Tengelmann mit seinem »Naturkind«. Andere folgten, und nun finden sich selbst bei Discountketten Biolebensmittel. Grundsätzlich lässt sich auch bei Biomarken aus dem Supermarkt sagen, dass überall, wo »bio« darauf steht auch »bio« drin ist, weil der Begriff geschützt ist. Und so tragen die Produkte auch alle ein EU-Biosiegel. Wenn die Rohstoffe für die Produkte von den ökologischen Anbauverbänden stammen, gehen die Ansprüche über die gesetzlichen Bestimmungen hinaus. Daher kann sich auf der Verpackung auch das Zeichen eines Anbauverbands finden. Wir nennen an dieser Stelle die gebräuchlichsten Handelsmarken und ziehen am Ende ein Fazit.

Bio-Wertkost

Hinter der Marke »Bio-Wertkost« steht die Edeka-Handelsgruppe. Das Sortiment umfasst Milchprodukte und Eier, Obst und Gemüse, Teigwaren, Säfte und Brotaufstrich. Neben den regelmäßigen staatlichen Kontrollen finden firmeneigene Qualitätskontrollen statt.

Füllhorn

Hinter der Handelsmarke »Füllhorn« steht die Rewe-Handelsgruppe, die seit 1988 Naturkost aus ökologischem Landbau anbietet. Im Sortiment sind Obst und Gemüse, Teigwaren, Brotaufstriche, Getreide- und Tiefkühlprodukte und vieles mehr.

Grünes Land

Die Marke »Grünes Land« wird seit 1988 von der Metro Group (Metro, C+C, Kaufhof, Real und Extra) vertrieben. Neben den Kontrollen der EU-Öko-Verordnung prüft das Unternehmen intern.

BioBio

Die Marke »BioBio« ist in den Regalen von Plus zu finden. Neben der EU-Öko-Verordnung stellt Plus noch eigene Kriterien auf, die der Konzern intern prüft. So dürfen Pflanzenschutzmittel nicht nachweisbar sein, und der Schwermetallgehalt darf höchstens 50 Prozent des für konventionelle Lebensmittel erlaubten Wertes betragen. Die Radioaktivität, Nitratgehalte und mikrobiologische Werte müssen sehr gering sein.

Naturkind

Seit 1986 hat die Unternehmensgruppe Kaiser's Tengelmann AG ökologische Produkte der Marke »Naturkind« im Angebot. Sie entsprechen den Kriterien der EU-Öko-Verordnung, werden aber auch strengeren Untersuchungen nach Pflanzenschutzmittelrückständen und Schwermetallen unterzogen. Zusätzlich dürfen keine Geschmacksverstärker, Verdickungsmittel oder Konservierungsstoffe enthalten sein.

▶ FAZIT: Mit den Biomarken der Handelsketten finden Verbraucher auch im Supermarkt Bio-Produkte.

Unabhängigkeit ↓
Transparenz →
Regelmäßige Kontrolle ↑
Gesetzliche Standards ↑
Ökologie/Umweltaspekt ↑

Fair gehandelte Produkte werden direkt bei Erzeugern von Kaffee ,Tee, Kakao, Zucker oder Orangen gekauft. Sie sind in der Regel etwas teurer, weil die Fair-Trade-Organisationen den Produzenten Preise zahlen, die über dem Weltmarktniveau liegen und langfristige Lieferbeziehungen schließen. Das garantiert den Erzeugern, dass ihre Kosten gedeckt werden, denn in den vergangenen Jahren ist beispielsweise der Preis für Kaffee rapide gefallen. Das liegt unter anderem daran, dass die Menge an produziertem Kaffee weltweit anstieg. Allerdings wird nicht mehr Kaffee getrunken, nur weil er billiger wird. Auf der anderen Seite wird aber immer mehr Kaffee produziert, da die Anbaubetriebe ihr sinkendes Einkommen mit einer Mehrproduktion kompensieren wollen. Diesem Teufelskreis will der faire Handel entgegenwirken. Zusätzlich werden mit den Erlösen aus dieser Handelsform die Lebensverhältnisse der Bauern verbessert.

www.fairtrade.net

Fairer Handel

TransFair-Siegel

FAIRTRADE
TRANSFAIR

Das soziale Siegel »TransFair« wird seit 1992 vom gemeinnützigen Verein TransFair vergeben, dem 40 Organisationen aus den Bereichen Entwicklungshilfe, Kirche, Sozialarbeit, Verbraucherschutz, Genossenschaftswesen, Bildung und Umwelt angehören. Ziel des Vereins ist es, »benachteiligte Produzentenfamilien in Afrika, Asien und Lateinamerika zu fördern und durch den fairen Handel ihre Lebens- und Arbeitsbedingungen zu verbessern«, so der Verein. Es werden Mindestpreise gezahlt, die über dem Weltmarktniveau liegen. Illegale Kinderarbeit ist verboten, und international geltende Arbeitsschutz-Richtlinien müssen eingehalten werden.

Derzeit gibt es fairen Handel mit Kaffee, Tee, Kakao und Schokolade, Bonbons, Orangen- und Fruchtsaft, Honig, Bananen, Wein, Reis, Rosen und Fußbällen. Produkte mit dem TransFair-Siegel werden in 22 000 Supermarkt-Filialen und 800 Weltläden angeboten.

Die Einhaltung der »TransFair«-Kriterien wird von der Produktion über den Händler bis zum Lizenznehmer überwacht. Damit soll der komplette Weg eines Produkts bis zum Endverbraucher transparent gemacht werden. Die jährliche Kontrolle wird von der Fairtrade Labelling Organizations International, kurz FLO, einem Zusammenschluss von 20 nationalen Siegelinitiativen, durchgeführt.

Das Siegel »TransFair« sagt nichts über die Umweltverträglichkeit der Produktion aus. Allerdings sind ökologische Mindeststandards wie Schutz des Wassers und der Wälder, beschränkter Einsatz von Pestiziden sowie das Verbot von gentechnischen Veränderungen im Kriterienkatalog ent-

halten. TransFair arbeitet kontinuierlich auf eine ökologische Anbauweise hin. Die Einnahmen aus dem fairen Handel werden in die Umwandlung in eine ökologische Produktion investiert. Der Erfolg lässt sich sehen: Mittlerweile liegt der Anteil von Bioprodukten aus fairem Handel bei 65 Prozent.
www.transfair.org

- ↑ Unabhängigkeit
- ↑ Transparenz
- ↑ Regelmäßige Kontrolle
- ○ Gesetzliche Standards
- ← Ökologie/Umweltaspekt

▶ FAZIT: **Das »FairTrade-Siegel« garantiert, dass die Produzenten einen fairen Anteil am Umsatz erhalten. Dadurch kann der Käufer mit seinem Einkauf einen kleinen Beitrag zur Entwicklungshilfe leisten.**

Handelsmarken

Hand in Hand

Das »Hand-in-Hand«-Siegel kennzeichnet fair gehandelte Produkte der Rapunzel Naturkost AG, die aus ökologischer Landwirtschaft stammen. Mindestens 50 Prozent der Rohstoffe eines Produktes stammen dabei aus fairem Handel. Bei den Kriterien dafür orientiert sich das Unternehmen an den Leitlinien für Soziale Gerechtigkeit und Fairen Handel der IFOAM und anderen internationalen Sozialverbänden.
Wichtiger Aspekt ist auch das Verbot von Kinderarbeit. Die Produkte werden von unabhängigen Organisationen

kontrolliert, sodass trotz der Eigenmarke eine Glaubwürdigkeit besteht.
Zusätzlich führt das Unternehmen am Ende eines Jahres ein Prozent des Einkaufspreises der Rohstoffe in einen Fonds bei der Öko-Bank ab. Das sind jährlich bis zu 25 000 Euro. Aus Mitteln dieses Fonds, der von der Deutschen Umwelthilfe (DUH) verwaltetet wird, werden soziale, ökologische, gesundheitliche Projekte oder Bildungsprojekte in den Herkunftsländern gefördert

www.rapunzel.de

www.duh.de

▶ FAZIT: **Mit dem »Hand-in-Hand«-Siegel finden Verbraucher unter den Bio-Produkten der Marke Rapunzel leicht die fair gehandelte Ware.**

Unabhängigkeit	↓
Transparenz	↑
Regelmäßige Kontrolle	↑
Gesetzliche Standards	○
Ökologie/Umweltaspekt	↑

Fair Kauf

Das Sozialsiegel »Fairkauf« wird von der Nur Natur GmbH, einem Unternehmen der Mensch und Natur AG, vergeben.
Es umfasst ökologisch erzeugte Produkte aus fairem Handel, bei denen auch soziale Kriterien wie das Verbot von Kinder- und Zwangsarbeit berücksichtigt werden.
Der ökologische Anbau wird gemäß der EU-Öko-Verordnung von staatlich akkreditierten Stellen und von Anbauverbänden kontrolliert. Fast alle ökologisch erzeugten Produkte stammen aus Naturland-Anbau (siehe Seite 41).

Die Waren werden bevorzugt von kleinbäuerlichen Familien bezogen, denen Mindestpreise und Abnahmemengen garantiert werden. Darüber hinaus führt »Fairkauf« zwischen 1,5 und 3,5 Prozent des Verkaufspreises an die Anbauer bzw. Erzeugergemeinschaften ab. Dieses Geld wird innerhalb der Gemeinschaft oder Plantage für soziale Zwecke verwendet, um die Arbeits- und Lebensbedingungen zu verbessern.

Kontrolliert werden die Kriterien für den fairen Handel auf Basis der Selbstverpflichtung sowie von dem unabhängigen Verband Naturland.

www.nurnatur.de/fairkauf

- Unabhängigkeit
- Transparenz
- Regelmäßige Kontrolle
- Gesetzliche Standards
- Ökologie/Umweltaspekt

▶ FAZIT: **Mit Produkten von »FairKauf« bekommt der Verbraucher ökologische Ware aus fairem Handel. Zusätzlich werden soziale Projekte gefördert, sodass ein Beitrag zur Entwicklungshilfe geleistet wird.**

BanaFair e.V.

Bei »BanaFair« handelt es sich um einen Verein, der seit 1986 Bananen aus fairem Handel in Deutschland vertreibt. Die Bananen stammen von Kleinproduzenten, die ihre Früchte unabhängig von multinationalen Konzernen produzieren und vermarkten.

Der faire Handel mit Bananen soll zu menschenwürdigen und ökologisch verträglichen Anbaubedingungen beitragen.

Die Erzeuger der Bananen erzielen über eine »Fair-Trade-Prämie« einen deutlich höheren Preis als über Zwischenhändler. Mit einem weiteren Bonus werden soziale und politische Projekte unterstützt, die der Verbesserung der Lebens- und Arbeitsbedingungen der Arbeiter dienen. Weiterhin betreibt »BanaFair« Aufklärungsarbeit über die Bedingungen, unter denen Bananen produziert und von den Konzernen vermarktet werden. Die Bananen sind von Naturland nach der EU-Öko-Verordnung biozertifiziert.
www.banafair.de

▶ FAZIT: **Wer beim Kauf von Bananen auf die Marke »BanaFair« achtet, bekommt Bio-Bananen aus fairem Handel.**

Unabhängigkeit	→
Transparenz	↑
Regelmäßige Kontrolle	↑
Gesetzliche Standards	○
Ökologie/Umweltaspekt	→

gepa – Fair Handelshaus

Seit 1975 setzt sich das »gepa – Fair Handelshaus« für einen sozial- und umweltverträglichen Handel ein und ist mittlerweile die größte faire Handelsorganisation Europas. Partner sind Produzenten in Afrika, Asien und Lateinamerika.
Dort bezieht »gepa« Lebensmittel, Handwerksartikel und Textilien zu fairen Preisen. Im Sortiment der »gepa« finden sich unter anderem Lebensmittel wie Kaffee, Tee, Honig, Nüsse, Süßwaren, Reis, Brotaufstrich, Wein, aber auch Korbwaren, Textilien, Lederwaren, Spielwaren, Keramik, Schmuck, Sportbälle und Saisonartikel.

Gesellschafter der gepa sind kirchliche Träger beider Konfessionen wie Misereor oder der Bund der katholischen Jugend.

www.gepa.de

- ⬇ Unabhängigkeit
- ⬆ Transparenz
- ⬆ Regelmäßige Kontrolle
- ○ Gesetzliche Standards
- ⬅ Ökologie/Umweltaspekt

▶ FAZIT: **Wer sicher sein will, dass auch die Produzenten in Entwicklungsländern ihr Auskommen haben, greift zu Produkten mit dem »gepa«-Siegel.**

Blumen

Flower Label Program (FLP)

Das Gütesiegel des »Flower Label Programms (FLP)« wird seit 1998 für eine sozial- und umweltverträgliche Blumenproduktion vergeben. Hinter dem »FLP« steht die Blumen-Kampagne (Brot für die Welt, FIAN, terre des hommes), die Gewerkschaft IG Bau, die Produzenten und der Handel (Importeure & Floristen).

Mit dem Gütesiegel soll ein Beitrag zur Verbesserung der Arbeits- und Lebensbedingungen der Arbeiter auf den Blumenplantagen in Südamerika und Afrika geschaffen werden. Das heißt existenzsichernde Löhne für die Arbeiter, Verbot von Kinderarbeit sowie Einsatzverbot von besonders giftigen Pestiziden.

Mit regelmäßigen Kontrollen von externen Prüforganisationen soll die Einhaltung der Siegel-Kriterien überwacht werden. Darüber hinaus gibt es für die Arbeiter vertrauenswürdige Beschwerdestellen. Der »FLP«-Standard entspricht dem Internationalen Verhaltenskodex für die Schnittblumenproduktion und geht teilweise über das gesetzlich Vorgeschriebene hinaus.

www.fairflowers.de

www.fian.de

▶ FAZIT: **Das »FLP«-Gütesiegel bürgt für Schnittblumen aus Entwicklungsländern, die unter menschenwürdigen und umweltfreundlichen Bedingungen produziert wurden.**

Unabhängigkeit	↑
Transparenz	↑
Regelmäßige Kontrolle	→
Gesetzliche Standards	○
Ökologie/Umweltaspekt	→

Auf Möbeln finden sich viele Zeichen, die auch in anderen Sparten auftauchen. So gibt es einen »Blauen Engel« für Möbel und Matratzen, die besonders umweltfreundlich sind. Das »CE«-Zeichen gibt über die bestandene europäische Eignungsprüfung Auskunft, und das »GS«-Zeichen bescheinigt die Sicherheit von Kinder-, Garten- und Büromöbeln, Klapp- und Etagenbetten und Kücheneinrichtungen. Bei Textilien ist darüber hinaus noch das »Öko-Tex-Standard-100«-Zeichen zu finden. Und bei Matratzen gibt es eine Vielzahl von Prüfsiegeln, die für niedrige Schadstoffbelastungen bürgen.

Holz, Möbel und Matratzen

Holz

Forest Stewardship Council (FSC)

Der Forest Stewardship Council (FSC) ist eine internationale gemeinnützige Organisation mit 35 nationalen Arbeitsgruppen. Sie wurde 1993 gegründet und besteht aus Umweltschutzorganisationen, Vertretern der Forstwirtschaft, sozialen Gruppen, Gewerkschaften sowie zahlreichen Unternehmen.

Gemeinsam entwickelten sie das »FSC«-Siegel, das auf Holz und Holzprodukten wie Bilderrahmen, Gartenmöbeln, Parkett- und Laminatböden, Regalsystemen, aber auch auf Druckerpapier und Bunt- und Bleistiften zu finden ist. Bei der Vergabe des Siegels werden gleichermaßen Ökologie, soziale Belange und ökonomische Aspekte gegeneinander abgewogen.

Weltweit werden zehn gültige Prinzipien sowie 56 Kriterien für eine nachhaltige Waldwirtschaft zugrunde gelegt. Diese reichen von effizienter und zukunftsfähiger Nutzung der Wälder über die Berücksichtigung traditioneller Nutzungsrechte von Ureinwohnern bis hin zu arbeitsrechtlichen Vorgaben.

Die nationalen Arbeitsgruppen passen die FSC-Kriterien an die wirtschaftlichen, sozialen und naturräumlichen Gegebenheiten des jeweiligen Landes an.

Mit diesen verbindlichen Kriterien sollen unkontrollierte Abholzung, Verletzungen der Menschenrechte und Belastungen der Umwelt vermieden werden. Die Einhaltung der FSC-Prinzipien wird von externen Zertifizierungsorganisationen durchgesetzt, die wiederum jährlich von der FSC überprüft werden.

www.fsc-deutschland.de

- ⊕ **Unabhängigkeit**
- ⊕ **Transparenz**
- ⊕ **Regelmäßige Kontrolle**
- ⊕ **Gesetzliche Standards**
- ⊕ **Ökologie/Umweltaspekt**

▶ FAZIT: **Das »FSC«-Siegel ist ein glaubwürdiges Zertifikat für Produkte aus nachhaltiger Waldbewirtschaftung.**

PEFC-Initiative (Programm für die Anerkennung von Forstzertifizierungssystemen)

PEFC™

PEFC/04-01-01

Das »PEFC-Zertifizierungssystem« (Programme for the Endorsement of Forest Certification) wurde 1998 von europäischen Waldbesitzern entwickelt. Das dazugehörige Siegel kennzeichnet Holz aus regionaler und nachhaltiger Waldwirtschaft. Es soll die Belange der Waldbesitzer stärken und wirbt damit, dass es im Gegensatz zum FSC-Siegel auf Europa zugeschnitten ist.

Die Richtlinien zur Vergabe des PEFC-Siegels sehen vor, dass Kahlschläge grundsätzlich unterlassen werden sollen, Ausnahmen sind jedoch zulässig. Der Einsatz von Bioziden soll auf ein Mindestmaß reduziert und auf Dünger zur Steigerung der Holzernte verzichtet werden. Arbeitskräfte werden zumindest nach Tarif bezahlt.

Die nationalen PEFC-Gremien vergeben das Siegel. In Deutschland wird auf der Ebene der Bundesländer regional

zertifiziert. Bei der Vergabe des »PEFC«-Siegels wird eine ganze Region betrachtet und auf Übereinstimmungen mit den Anforderungen des »PEFC«-Systems geprüft. Fällt das Gutachten positiv aus, können alle Forstbetriebe der Region die Ausstellung eines Zertifikats und die Berechtigung zur Zeichennutzung beantragen.
Es finden stichprobenartig Kontrollen durch national und international anerkannte Zertifizierungsstellen statt. Werden die Richtlinien nicht eingehalten, kann dem einzelnen Waldbesitzer oder der ganzen Region das Recht entzogen werden, Holz als »PEFC«-zertifiziert zu verkaufen .

www.pefc.de

▶ FAZIT: **Das Siegel »PEFC« dient zur Orientierung auf der Suche nach Holz aus nachhaltiger Waldwirtschaft.**

Unabhängigkeit →
Transparenz ↑
Regelmäßige Kontrolle ↑
Gesetzliche Standards ↑
Ökologie/Umweltaspekt →

Naturland

»Naturland«, dahinter steht der Naturland-Verband für naturgemäßen Landbau e.V. Dieses Zeichen ist überall da zu finden, wo ökologischer Anbau stattfindet. So auch bei der ökologischen Waldnutzung.
Die Kriterien für ökologischen Waldbau sehen vor, dass der menschliche Eingriff in das Ökosystem Wald auf ein Mindestmaß begrenzt wird. Der Waldboden soll sich ungestört entwickeln, die natürliche Artenvielfalt insgesamt erhalten werden, und der Einsatz

chemisch-synthetischer Pflanzenschutzmittel oder Mineraldünger sind verboten. Außerdem sollen Mischbestände aus standortheimischen Baumarten aufgebaut werden. Der Kahlschlag ist untersagt.
Nachdem die Anerkennung vollzogen ist, wird der Betrieb einmal jährlich überprüft. Zusätzlich finden unangemeldete Kontrollen statt. Die Zertifizierung erfolgt einzelbetrieblich. Die festgelegten Kriterien entsprechen in vieler Hinsicht den FSC-Standards und reichen damit weit über das gesetzlich Vorgeschriebene hinaus.

www.naturland.de

- Unabhängigkeit
- Transparenz
- Regelmäßige Kontrolle
- Gesetzliche Standards
- Ökologie/Umweltaspekt

▶ FAZIT: **Das Naturland-Zeichen setzt glaubwürdige Standards für Holz und Holzprodukte aus kontrolliert ökologischer Waldbewirtschaftung.**

Möbel und Matratzen

Blauer Engel

Auch für Fertigprodukte aus Holz und Holzwerkstoffen gibt es das Umweltzeichen »Blauer Engel«. Es trägt die Bezeichnung RAL-UZ 38 und ist auf Produkten zu finden, die zu mehr als 50 Prozent aus Holz, Holzmehl oder Holzwerkstoffen (Spanplatten, Tischlerplatten, Faserplatten, etc.) hergestellt und im Innenraum eingesetzt werden. Die Produkte müssen emissions-

arm sein, das Holz aus nachhaltiger Holzbewirtschaftung stammen. Es darf nicht aus Urwäldern kommen.
Für Matratzen gibt es den »Blauen Engel« mit der Bezeichnung RAL-UZ 119. Bei der Vergabe wird der gesamte Produktzyklus auf Umweltbelastungen abgeklopft: also die Herstellung, die dabei eingesetzten Werkstoffe und Materialien, die Nutzungsphase und die Entsorgung der Matratzen.
www.blauer-engel.de

▶ FAZIT: **Der »Blaue Engel« weist auf schadstoffarme Möbel, Türen und andere Einrichtungsgegenstände aus Holz sowie auf umweltfreundliche Matratzen hin.**

- **Unabhängigkeit** ↑
- **Transparenz** ↑
- **Regelmäßige Kontrolle** ↑
- **Gesetzliche Standards** ↑
- **Ökologie/Umweltaspekt** ↑

Eco – Zertifikat Ökologische Produktprüfung

Das eco-Institut prüft seit 1987 Produkte aus dem Bereich Wohnen auf verbotene oder gesundheitsgefährdende Stoffe. Das Institut untersucht die Einhaltung von Qualitätsstandards im Auftrag verschiedener Siegelgeber, verleiht aber auch eigene Gütezeichen etwa für Küchen und Schlafmöbel. Hauptsächlich wird aber das Gütesiegel »Produkt emissionsarm, schadstoffgeprüft« an Matratzenhersteller vergeben.
Bei den Produktanalysen wird nach Pestiziden, Weichmachern (Phthalate) und zinnorganischen Verbindungen

gesucht. Im zweiten Schritt werden Ausdünstungen beispielsweise von Formaldehyd gemessen. Das Siegel wird für drei Jahre vergeben und die Einhaltung der Standards jährlich überprüft.

www.eco-institut.com

- Unabhängigkeit
- Transparenz
- Regelmäßige Kontrolle
- Gesetzliche Standards
- Ökologie/Umweltaspekt

▶ FAZIT: Bei der Suche nach schadstoffgeprüften Matratzen ist das »Eco«-Zeichen eine gute Hilfe .

Das »Goldene M« oder RAL-Gütezeichen für Möbel der Deutschen Gütegemeinschaft Möbel (DGM)

- Geprüfte Qualität
- Garantierte Sicherheit
- Gesundes Wohnen

...erkennen Sie an diesem Zeichen

Das Gütezeichen das »Goldene M« oder RAL-GZ 430 wird von der Deutschen Gütegemeinschaft Möbel unter der Aufsicht des RAL vergeben. Die Deutsche Gütegemeinschaft Möbel, deren Mitglieder Hersteller und Zulieferbetriebe aus dem In- und Ausland sind, wurde 1963 gegründet.

Das »Goldene M« zeichnet Möbel aus, die stabil, sicher, haltbar und gut verarbeitet sind und keine krankmachenden Inhaltstoffe enthalten. Zusätzlich muss der Hersteller nachweisen, dass er seine Produktion dauerhaft auf dem selben Qualitätsniveau hält.

Das Siegel ist als Anhänger oder Aufkleber an Möbelstücken angebracht. Die Faktoren Langlebigkeit, einwandfreie Funktion, Sicherheit, Gesundheit und die Umweltverträglichkeit werden in unabhängigen Prüfinstituten getestet. Im Rahmen der Gesundheitsverträglichkeit wird die Emission von Formaldehyd, Geruchsstoffen und Lösungsmitteln gemessen. Zusätzlich wird die Belastung mit Schädlingsbekämpfungsmitteln, gesundheitsgefährdenden Azofarbstoffen und Schwermetallen überprüft. Die Anforderungen basieren in erster Linie auf den gesetzlichen Vorgaben und einschlägigen Normen. In Bezug auf Schadstoffe gehen sie über das gesetzlich Vorgeschriebene hinaus.

www.dgm-moebel.de

▶ FAZIT: **Das verbandseigene Zeichen »Goldenes M« der Deutschen Gütegemeinschaft Möbel bietet Verbrauchern einen Hinweis auf geprüfte Qualität von Möbeln.**

Unabhängigkeit ↓
Transparenz →
Regelmäßige Kontrolle ↑
Gesetzliche Standards ↑
Ökologie/Umweltaspekt ↑

ÖkoControl

Das Label »ÖkoControl« wird seit 1994 vom Europäischen Verband ökologischer Einrichtungshäuser e.V. für Möbel, Matratzen und Textilien vergeben. Der Verband ist ein Zusammenschluss von derzeit 65 ökologisch engagierten Händlern, die Möbel zum giftfreien Wohnen anbieten. Vergeben wird das Siegel von dem Tochterunternehmen ÖkoControl, Gesellschaft für Qualitätsstandards ökologischer Einrichtungshäuser mbH.

ÖkoControl verpflichtet sich, im Vergleich zu anderen Qualitätszeichen für Möbel immer den höchsten Standard zu wahren. Die Messlatte liegt weit über den gesetzlichen Vorgaben. Im Vergabeverfahren müssen die Hersteller sämtliche in den Produkten verwendeten Inhalts- und Hilfsstoffe angeben. Externe Umweltlabors prüfen diese Produkte dann bei Stichproben. Zudem werden die Betriebe regelmäßig besichtigt.
Die Grenzwerte für Schadstoffe sind sehr streng. Sie liegen häufig an der technisch möglichen Nachweisgrenze.
www.oekocontrol.com

- ← **Unabhängigkeit**
- ↑ **Transparenz**
- ↑ **Regelmäßige Kontrolle**
- ↑ **Gesetzliche Standards**
- ↑ **Ökologie/Umweltaspekt**

▶ FAZIT: **Mithilfe des »ÖkoControl«-Siegels und dem dazugehörigen Ausweis erhalten Verbraucher ausführliche Information über das Produkt.**

Toxproof

Das »Toxproof«-Zeichen wird von der TÜV Umwelt Cert GmbH, einer Tochtergesellschaft des TÜV Rheinland, vergeben. Es kennzeichnet Latex- und Schaummatratzen, die festgelegte Schadstoffgrenzen einhalten. Allerdings liegen diese nur teilweise über den gesetzlichen Bestimmungen. Das hat zur Folge, dass bei sehr empfindlichen Menschen gesundheitliche Beschwerden wie allergische Reaktionen auftreten können. Ökologische Aspekte wie

Ressourcen- und Energieverbrauch werden bei der Vergabe kaum berücksichtigt.
Geprüft werden unter anderem der Geruch, die Grenzwerte für Formaldehyd und zinnorganische Verbindungen sowie Emissionen leicht flüchtiger Komponenten. Das Siegel wird auf Grundlage einer Baumusterprüfung vergeben.
Ist die Prüfung erfolgreich, verpflichtet sich der Zeichennutzer in einer Konformitätserklärung, dass er das Zeichen nur an Produkten anbringt, die dem Muster entsprechen.
www.tuev-rheinland.de

▶ FAZIT: **Das Siegel »Toxproof« verbrieft die Einhaltung der gesetzlichen Grenzwerte für gesundheitsgefährdende Schadstoffe.**

Unabhängigkeit →
Transparenz →
Regelmäßige Kontrolle ↑
Gesetzliche Standards ↑
Ökologie/Umweltaspekt →

IUG Allergiker-geeignet

Zwar sind die Schadstoffgrenzen bei Möbeln und Matratzen gesetzlich festgelegt, doch für Allergiker sind sie oft noch zu hoch. Deshalb bietet das Institut für Umwelt und Gesundheit (IUG) das Prüfzeichen »IUG Allergiker geeignet« an. Das IUG hat die Prüfkriterien für das Siegel gemeinsam mit dem Allergie-Verein in Europa e.V. (AVE) entwickelt. Die Prüfbestimmungen werden regelmäßig dem aktuellen wissenschaftlichen Erkenntnisstand sowie dem technischen Fortschritt angepasst. Allerdings liegen die zulässigen Grenzwerte immer noch über denen, die das ÖkoControl-Zeichen (siehe Seite 65) mit seinen sehr strengen Kriterien erlaubt.

www.iug-umwelt-gesundheit.de

- Unabhängigkeit
- Transparenz
- Regelmäßige Kontrolle
- Gesetzliche Standards
- Ökologie/Umweltaspekt

▶ FAZIT: Mit dem »IUG«-Siegel gekennzeichnete Produkte sind für Allergiker geeignet.

Europäisches Umweltzeichen

Für die Kennzeichnung von Matratzen mit dem »Europäischen Umweltzeichen« sieht die Europäische Komission eine ganzheitliche Produktbewertung vor. Es werden ökologische Anforderungen entlang dem gesamten Produktionsprozess gestellt. So soll die Wasser- und Luftverschmutzung während der Herstellung der Matratzen minimiert werden. Es werden verschiedene Schadstoffprüfungen durchgeführt, und es gibt Grenzwerte für Schwermetalle wie Blei oder Cadmium. Verboten sind Aufschäumungs- und Flammschutzmittel. Unter die Lupe genommen wird auch die Langlebigkeit der Matratzen.

- Unabhängigkeit
- Transparenz
- Regelmäßige Kontrolle
- Gesetzliche Standards
- Ökologie/Umweltaspekt

▶ FAZIT: Die »EU-Blume« hilft dem Käufer bei der Suche nach schadstoffgeprüften Matratzen. Da die Grenzwerte nur teilweise über den gesetzlichen Vorgaben liegen, können die Werte für empfindliche Menschen zu hoch sein.

Im Bereich Spielzeug gibt es erstaunlicherweise nur wenige spezialisierte Gütezeichen. Lediglich das Siegel »Spiel gut« setzt sich intensiver mit dem pädagogischen Nutzen von Spielwaren auseinander, weswegen es das einzige ist, was wir hier besprechen. Ansonsten findet man haufig die Sicherheitszeichen »CE«, »GS« und das Siegel des Verbands Deutscher Elektriker (VDE), die wir bereits im zweiten Kapitel beleuchtet haben. Generell verzichten sollte man auf Spielzeug mit PVC, da es große Mengen an gesundheitsschädlichen »Weichmachern« enthält. Weniger bedenklich ist Plastikspielzeug aus Polypropylen »PP» oder Polyethylen »PE». In der Regel zu empfehlen sind Produkte aus unbehandeltem Holz.

Spielzeug

spiel gut

Das Siegel »spiel gut« wird vom spiel-gut-Arbeitsausschuss Kinderspiel und Spielzeug e.V. vergeben. In dem ehrenamtlichen Gremium, das sich 1954 zusammengefunden hat, sitzen Vertreter aus Pädagogik, Psychologie, Soziologie, Medizin, Design, Technik, Umweltschutz und anderen Fachgebieten. Der Ausschuss arbeitet unabhängig von der Spielwarenindustrie und dem Handel.

Das Spielzeug wird in Familien, Kindergärten oder ähnlichen Einrichtungen auf seine Funktionen, den Spielwert, ökologische und gesundheitliche Aspekte geprüft. Nach der Testphase werden die Fragebögen ausgewertet, und das »spiel-gut«-Gremium entscheidet über die Siegelvergabe. Jährlich werden etwa 500 Artikel untersucht. Etwa die Hälfte davon erhält das Zeichen.

Die gekennzeichneten Spielzeuge werden später stichprobenartig kontrolliert. Spielzeug mit PVC erhält grundsätzlich kein Siegel.

www.spielgut.de

- **Unabhängigkeit**
- **Transparenz**
- **Regelmäßige Kontrolle**
- **Gesetzliche Standards**
- **Ökologie/Umweltaspekt**

▶ FAZIT: **Wer Spielzeug unter pädagogischen Gesichtspunkten kaufen möchte, sollte auf das Siegel »spiel gut« achten.**

Gütesiegel auf Haushalts- und Elektrogeräten beziehen sich hauptsächlich auf den Umwelt- und Sicherheitsaspekt. Es wird geprüft, unter welchen Bedingungen die Geräte hergestellt wurden und ob sie umweltfreundlich entsorgt werden können. Bei Computer-Monitoren geht es um die Strahlung, Ergonomie und den Energieverbrauch. Hinzu kommen Sicherheitszeichen wie das des VDE *(siehe Seite 15).*

Haushalts- und Elektrogeräte

Haushaltsgeräte

Euro-Label

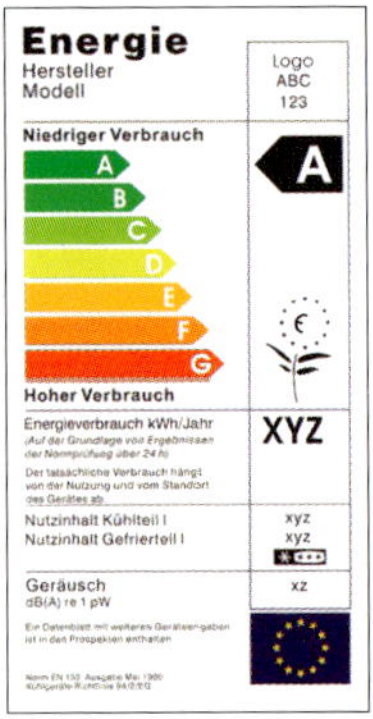

Das »EU-Energieetikett« (auch EU-Label, EU-Energie-Label, Gerätelabel, Energiesparlabel oder Energieetikett genannt) befindet sich seit 1998 europaweit auf allen Großgeräten für den Haushalt wie Elektroherde, Kühlschränke oder Waschmaschinen. Es enthält gesetzlich vorgeschriebene Verbraucherinformationen zum Energieverbrauch und umweltrelevante Daten. Die Geräte werden in sieben Energieeffizienzklassen von A bis G eingeteilt. Dabei steht A für einen besonders niedrigen und G für sehr hohen Stromverbrauch. Zudem sind die Werte für Geräuschemissionen angegeben. Weitere Qualitätsmerkmale wie beispielsweise Waschwirkung und Schleuderleistung von Waschmaschinen oder die Reinigungs- und Trockenwirkung von Geschirrspülern werden zusätzlich bewertet und ausgewiesen. Dagegen spielt etwa die Recyclingfähigkeit der Geräte keine Rolle. Die Schwankungsbreiten innerhalb der einzelnen Energieklassen sind ziemlich groß, sodass ein wirklich Energie sparendes Gerät nur schwer zu finden ist. Deswegen gelten seit März 2004 für Kühl- und Gefriergeräte bundesweit zwei neue Energieeffizienzklassen. Mit den Kategorien A+ und A++ sind Produkte gekennzeichnet, die ganz besonders wenig Strom verbrauchen.

Tipp: Weitere Anhaltspunkte für sparsame Haushaltsgeräte findet man in der Broschüre »Besonders sparsame Haushaltsgeräte«, die regelmäßig von der Energieagentur NRW herausgegeben wird (www.ea-nrw.de).

www.eu-label.de

▶ FAZIT: **Das »Euro-Label« bietet dem Verbraucher eine grobe Orientierung bei der Energieeffizienz von Haushaltsgroßgeräten.**

Unabhängigkeit ↑
Transparenz ↑
Regelmäßige Kontrolle ↓
Gesetzliche Standards →
Ökologie/Umweltaspekt ↑

Umweltbaum

Mit dem »Umweltbaum« kennzeichnet die Otto GmbH Kühlgeräte, Wäschetrockner, und Geschirrspülmaschinen. Ziel ist, »die umweltrelevanten Auswirkungen bei der Herstellung und während des Gebrauchs der Produkte zu reduzieren«. Das Zertifizierungs-System orientiert sich an den Energieeffizienzklassen des »EU-Energielabels«. Die Geräte müssen die Effizienzklasse A aufweisen und dürfen einen vorgegebenen Wasserverbrauch nicht überschreiten. Bei Waschmaschinen sind das 50 Liter pro Waschgang, bei Spülmaschinen 18 Liter. Daneben versucht Otto möglichst wenig umweltbelastende Stoffe wie PVC einzusetzen.

▶ FAZIT: **Geräte mit dem »Umweltbaum« erfüllen die Anforderungen der Effizienzklasse A.**

Unabhängigkeit ↓
Transparenz →
Regelmäßige Kontrolle →
Gesetzliche Standards →
Ökologie/Umweltaspekt ↑

Computer und Zubehör

Eco-Kreis

- ECO-Kreis 2006
- Recycelbar
- Schadstoffgeprüft
- Energiesparend

Mit dem »Eco-Kreis« werden Personalcomputer, Bildschirme, Notebooks und Tastaturen ausgezeichnet. Vergeben wird das Label von der TÜV Rheinland Product Safety GmbH. Der »Eco-Kreis« berücksichtigt in seinen Prüfkriterien gesundheitliche und ökologische Anforderungen. Das Siegel setzt Standards beim Energieverbrauch, der elektromagnetischen Verträglichkeit, der Ergonomie, der Recyclingfähigkeit und der Schadstoffarmut. Die Anforderungen gehen beispielsweise bei den festgelegten Schadstoffgrenzen über das gesetzlich Vorgeschriebene hinaus. Jährlich werden die Kriterien neu angepasst. Hersteller haben die Möglichkeit, ihre Zertifikate mit einer Nachprüfung zu aktualisieren.

Voraussetzung für die Vergabe des Prüfzeichens ist, dass der Hersteller über ein Qualitätssicherungs- bzw. Umweltmanagementsystem verfügt. Ob die Standards eingehalten werden, überprüft ein externes Labor.

www.de.tuv.com

- ↑ **Unabhängigkeit**
- ↑ **Transparenz**
- ← **Regelmäßige Kontrolle**
- ○ **Gesetzliche Standards**
- ↑ **Ökologie/Umweltaspekt**

▶ FAZIT: **Der »Eco-Kreis« bietet umweltbewußten Verbrauchern eine verlässliche Orientierungshilfe.**

EnergyStar

Ein Zeichen, das Computern und Monitoren Energiesparsamkeit bescheinigt, ist der »EnergyStar«. Er wurde 1993 von der US-amerikanischen Umweltbehörde gemeinsam mit dem U.S. Department of Energy sowie Herstellern und Händlern entwickelt. Im Jahr 2002 wurde der »EnergyStar« durch eine EU-Verordnung auch offiziell in Europa eingeführt. Das Zeichen bescheinigt Geräten, dass sie die Stromsparkriterien der amerikanischen Umweltschutzbehörde EPA (Environmental Protection Agency) erfüllen. Beispielsweise müssen Computer mit einem Stand-by-Betrieb ausgestattet sein, bei dem die Leistungsaufnahme 30 Watt nicht überschreiten darf. Monitore müssen mit zwei Stand-by-Betriebsstufen ausgestattet sein: in der ersten Sparstufe darf die Leistungsaufnahme nicht über 15 Watt und in der zweiten nicht über 8 Watt liegen.
Jeder Hersteller darf den »EnergyStar« nutzen, wenn er glaubt, dass seine Geräte die Energieeffizienzkriterien für die Produkte erfüllen. Eine Benachrichtigung an die EPA reicht aus. Kontrollen zur Einhaltung der Kriterien finden nicht statt.

www.energystar.gov

▶ FAZIT: **Der Standard, den der »EnergyStar« vorschreibt, hat sich mittlerweile ohnehin auf dem Markt durchgesetzt. Deswegen bietet das Label keinen Zusatznutzen für Verbraucher.**

Unabhängigkeit	↑
Transparenz	↑
Regelmäßige Kontrolle	↓
Gesetzliche Standards	→
Ökologie/Umweltaspekt	→

Gemeinschaft Energielabel Deutschland

Das »Energy-Label« wird von der Gemeinschaft Energielabel Deutschland (GED) verliehen. Dabei handelt es sich um einen Verbund aus Energieagenturen und Umweltorganisationen. Mit dem Zeichen werden Energie sparende Geräte der Büro- und Unterhaltungselektronik markiert. Voraussetzung: Sie müssen vor allem einen besonders niedrigen Energieverbrauch im Stand-by-Betrieb aufweisen.
Gekennzeichnet werden jährlich die sparsamsten 20 bis 30 Prozent aller Geräte am Markt und in einer Liste veröffentlicht. Die Grenzwerte werden jährlich entsprechend der Marktentwicklung neu festgelegt. Weitergehende ökologische Kriterien an die Produkte oder deren Herstellung werden nicht gestellt.
Hersteller, die das Label nutzen möchten, unterschreiben eine Verpflichtung, dass ihre Geräte den Anforderungen genügen. Externe Kontrollen der Energieverbrauchswerte finden nicht statt.

www.energielabel.de

- ↑ **Unabhängigkeit**
- ↑ **Transparenz**
- ↓ **Regelmäßige Kontrolle**
- ○ **Gesetzliche Standards**
- ↑ **Ökologie/Umweltaspekt**

▶ FAZIT: **Wer Energie sparende Geräte der Büro- und Unterhaltungselektronik kaufen möchte, kann sich an dem »Energy-Label« orientieren.**

TCO Development

Das Label »TCO Development« wird vom Dachverband der schwedischen Angestellten- und Beamtengewerkschaft, der Tjänstemännens Centralorganisation, an Hersteller von IT-Geräten vergeben. Es zeichnet Bildschirme, Tastaturen, Rechner und Laptops aus, die besonders strahlungsarm und Energie sparend sind. Auch die Ergonomie spielt eine wichtige Rolle.
Die Kriterien, die laufend der aktuellen Entwicklung angepasst werden, übertreffen die gesetzlich vorgeschriebenen Standards. Als Grundlage für die Zeichenvergabe werden Prüfberichte der Hersteller herangezogen, die die Einhaltung der jeweiligen »TCO«-Anforderungen nachweisen.
Zusätzlich werden die Kriterien von externen Instituten und Prüfern überwacht, Stichproben macht die TCO.
www.tcodevelopment.com

▶ FAZIT: **Das »TCO-Zeichen« steht für strahlungsarme, Energie sparende Computer und Monitore.**

Unabhängigkeit ↑
Transparenz ↑
Regelmäßige Kontrolle ↑
Gesetzliche Standards ↑
Ökologie/Umweltaspekt ↑

Da es für schadstofffreie und ökologische Bekleidung noch keine gesetzlichen Standards wie bei Lebensmitteln gibt, können Verbraucher beim Textilkauf nur auf freiwillige Gütesiegel der privaten Wirtschaft bauen. Die einzelnen Ansätze bei der Textilbewertung sind recht unterschiedlich. Während die einen Siegelherausgeber sich mit der Schadstoffbelastung und den Folgen für die Haut beschäftigen, legen andere besonderen Wert auf die Herkunft natürlicher Rohstoffe wie Baumwolle, Wolle und Seide. Manche Siegelgeber gehen noch weiter und schließen soziale Aspekte wie das Verbot von Kinderarbeit, Mindestlöhne und die Arbeitssicherheit bei der Produktion mit ein.

Textilien

Europäisches Umweltzeichen

Das »Europäische Umweltzeichen«, die »EU-Blume«, kennzeichnet Textilerzeugnisse aus natürlichen Fasern wie Baumwolle, Flachs und Wolle sowie aus künstlichen Fasern wie Acryl, Elastan, Polyester oder Viskose, und Schuhe. Dabei sollen die Textilien und Schuhe im Vergleich zu anderen Produkten mit dem gleichen Gebrauchswert in allen Phasen des Lebenszyklus geringere Umweltauswirkungen haben. Vor allem soll die Gewässerverschmutzung vermindert werden. Betrachtet werden folgende Prozesse: Faserproduktion, Spinnerei, Weberei, Strickerei, das Bleichen und Färben. Auch bei Schuhen gilt: Sie dürfen keine gesundheitsgefährdenden Schadstoffe enthalten und müssen umweltschonend hergestellt worden sein.

Herausgegeben wird die »Euro-Blume« von der Europäischen Kommission. In Deutschland ist das Umweltbundesamt und das RAL, das Deutsche Institut für Gütesicherung und Kennzeichnung e.V., an der Vergabe des Zeichens beteiligt.

www.europa.eu.int/ecolabel

▶ FAZIT: **Produkte, die mit einer »Euro-Blume« gekennzeichnet sind, sind nachhaltig hergestellt. Die Schadstoffgrenzen können für empfindliche Menschen zu hoch sein.**

Unabhängigkeit	↑
Transparenz	↑
Regelmäßige Kontrolle	↑
Gesetzliche Standards	→
Ökologie/Umweltaspekt	↑

Naturtextil

Das »Naturtextil«-Zeichen wird vom Internationalen Verband der Naturtextilindustrie e.V. (IVN) vergeben. Der IVN ist ein Zusammenschluss von Unternehmen, »die sich zum Ziel gesetzt haben, hochwertige Naturtextilien nach den strengsten ökologischen und sozialen Richtlinien herzustellen«, so der IVN. Das Zeichen findet sich auf Textilien, die vollständig aus Naturstoffen bestehen. Umweltschädliche Verarbeitungsmethoden sind verboten, Azofarbstoffe sowie allergieauslösende und giftige Farbstoffe dürfen nicht verwendet werden. Ebenso gelten soziale und arbeitsrechtliche Mindeststandards wie die Zahlung des gesetzlichen Mindestlohns, das Verbot, Kinder unter 14 Jahren zu beschäftigen, die Zulassung gewerkschaftlicher Organisationen in den Betrieben, maximal 48 Stunden wöchentliche Arbeitszeit oder eine soziale Absicherung bei Krankheit.

Die Einhaltung der Anforderungen wird von externen Kontrolleuren geprüft. Bei allen ausgezeichneten Produkten muss vollständig ausgewiesen werden, welche Hilfsstoffe bei der Herstellung eingesetzt wurden.

Die Rohstoffe müssen aus zertifiziertem ökologischem Anbau stammen. Falls ein Mangel an geeigneten Fasermengen besteht, können vorübergehend auch konventionell erzeugte Fasern eingesetzt werden. Denn oft gibt es Rohfasern wie Wolle oder Seide aus kontrolliert biologischer Herstellung nicht in ausreichender Menge. Deswegen gibt es auch zwei verschiedene Auszeichnungsstufen. Das Zeichen »IVN zertifiziert Naturtextil« geht an Textilien, die

die Mindestanforderung an ökologische Kleidung erfüllen. Das »IVN zertifiziert Naturtextil best« wird an Textilien angebracht, die den höchsten realisierbaren Standard gewährleisten.

www.naturtextil.com

▶ FAZIT: **Die strengen Kriterien des IVN machen die ausgezeichneten Textilien auch für Allergiker interessant.**

Unabhängigkeit →
Transparenz ↑
Regelmäßige Kontrolle ↑
Gesetzliche Standards ↑
Ökologie/Umweltaspekt ↑

Hautsache körperverträglich – schadstoffgeprüft

Das Prüfsiegel »Hautsache körperverträglich – schadstoffgeprüft« findet sich auf körpernahen Textilien wie Unterwäsche oder Bettwäsche. Geprüft wird die Wirkung des Textils auf die Haut. Herausgeber ist die Fördergemeinschaft körperverträglicher Textilien e.V., die sich aus Herstellern, dem Gesamtverband der deutschen Maschen-Industrie-Gesamtmasche e.V. und dem Deutschen Institut für Textil- und Faserforschung (DIF) in Stuttgart zusammensetzt.

Alle geprüften Textilien sind mit dem »Öko-Tex-Standard 100« versehen. In einem biochemischen Verfahren, das aus der Medizin stammt, testet das DIF, ob sich aus dem Stoff Substanzen lösen, die zu Hautreizungen oder anderen gesundheitlichen Problemen führen können. Die ausgelösten

Inhaltsstoffe der Testkleidung werden mit lebenden Körperzellen vermischt.

Nur wenn im Test die Vitalität der Zellen nicht beeinträchtigt wurde, wird das Zertifikat vergeben. Trotz dieser medizinischen Prüfung können Köperunverträglichkeiten bei empfindlichen Menschen nicht völlig ausgeschlossen werden.

Die Kennzeichnung bezieht sich nur auf das Endprodukt; der Produktionsprozess wird nicht berücksichtigt.

www.Koerpervertraegliche-Textilien.de

← Unabhängigkeit
↑ Transparenz
↑ Regelmäßige Kontrolle
↑ Gesetzliche Standards
↓ Ökologie/Umweltaspekt

▶ FAZIT: **Das Prüfzeichen »Hautsache körperverträglich – schadstoffgeprüft« dokumentiert, dass die Textilien in einem medizinischen Verfahren auf ihre Hautverträglichkeit untersucht wurden.**

Toxproof (Textilien und Bekleidung)

Das »Toxproof-Label« wird von der TÜV Umwelt Cert GmbH, einer Tochtergesellschaft des TÜV Rheinland, vergeben. Es kennzeichnet Textilien, Bodenbeläge, Fahrzeugsitzbezüge und Kinderwagen, die festgelegte Schadstoffgrenzwerte nicht überschreiten. Weitere Prüfkriterien:

– Verbot von Azofarbstoffen und allergenen und krebserregenden Farbstoffen
– Verzicht auf Flammschutzmittel
– Festgelegte Grenzwerte für zinnorganische Verbindungen

– Prüfung von Schweiß-, Reib-, Wasser- und Speichelechtheit

Allerdings liegen die Grenzwerte nur teilweise über den gesetzlichen Bestimmungen. Bei sehr empfindlichen Menschen können deshalb allergische Reaktionen auftreten. Ökologische Aspekte wie Ressourcen- und Energieverbrauch finden bei der Vergabe keine Beachtung.

Nach der Prüfung eines Musters und der Vergabe des Zeichens verpflichtet sich der Hersteller, das Zeichen nur auf gleich produzierten Produkten anzubringen. Die Überprüfung der Kriterien erfolgt in halbjährlichen Stichproben.

www.tuev-rheinland.de

▶ FAZIT: **Das »Toxproof-Zeichen« verweist auf Produkte, die von Schadstoffen weitgehend unbelastet sind.**

Unabhängigkeit ↑
Transparenz ↑
Regelmäßige Kontrolle ↑
Gesetzliche Standards →
Ökologie/Umweltaspekt ↑

Öko-Tex

Herausgeber der »Öko-Tex«-Labels ist die Internationale Gemeinschaft für Forschung und Prüfung auf dem Gebiet der Textilökologie, kurz Öko-Tex. Die Gemeinschaft besteht aus 14 Prüfinstituten in Europa und Japan mit Vertretungen in mehr als 80 Ländern. Es gibt drei verschiedene Label: Das wohl bekannteste und verbreitetste ist das »Öko-Tex Standard 100«. Es zeichnet Textilien aus, die auf Schadstoffe geprüft sind. Die Verwendung von bedenklichen Stoffen ist reglementiert. Es müssen Grenzwerte für Formaldehyd, Schwermetalle, Pestizidrückstände oder für chlororganische Verbindungen eingehalten werden. Die Höhe richtet sich nach dem Einsatz der Textilien. Es wird unterschieden zwischen Produkten für Babys, mit Hautkontakt, ohne Hautkontakt und Ausstattungsmaterialien.

Für Betriebe gibt es den »Öko-Tex Standard 1000«. Das Label gibt Auskunft über die Umweltfreundlichkeit der Produktionsabläufe. Geprüft wird etwa die Abwasserentsorgung oder der Energieverbrauch.

Halten Textilien die Schadstoff-Grenzwerte ein und werden zudem auch umweltfreundlich nach den »Öko-Tex«-Kriterien hergestellt, wird das Label »Öko-Tex Standard 100plus« vergeben.

Die Labels werden vergeben, wenn ein Textilmuster die Prüfung besteht und der Hersteller (Weber, Stricker, Garnhersteller) erklärt, dass die von ihm verkaufte Ware jederzeit dieselbe Qualität wie die geprüfte Probe aufweist. Die Qualität wird mit unangemeldeten Stichproben kontrolliert. Das Kennzeichen wird jeweils für die Dauer eines Jahres vergeben.

oeko-tex.com

- ↑ **Unabhängigkeit**
- ↑ **Transparenz**
- ↑ **Regelmäßige Kontrolle**
- ← **Gesetzliche Standards**
- ↑ **Ökologie/Umweltaspekt**

▶ FAZIT: **Das »Öko-Tex«-Label verspricht eine geringe Belastung mit Schadstoffen, die allerdings für empfindliche Menschen immer noch zu hoch sein kann.**

Handelsmarken

Cotton People Organic

Die Eigenmarke »Cotton People Organic« stammt aus dem Hause Alnatura. Das Unternehmen produziert Baumwollkleidung für Kinder nach ökologischen Grundsätzen. Das gilt für die gesamte Produktionskette. Gefärbt wird beispielsweise mit schwermetallfreien Reaktivfarben. Den Einkauf von Rohstoffen und Dienstleistungen wickelt die Firma nach den »Fair-Trade«-Statuten ab.

www.alnatura.de

▶ FAZIT: **Kinderkleidung der Marke »Cotton People Organic« ist ökologisch und umweltfreundlich produziert.**

- Unabhängigkeit ↓
- Transparenz ↑
- Regelmäßige Kontrolle ↑
- Gesetzliche Standards ↑
- Ökologie/Umweltaspekt ↑

Purewear

Das Label »Purewear« ist eine Eigenmarke der Otto GmbH. Es darf in Lizenz für Textilien verwendet werden, die schadstoffgeprüft und umweltfreundlich hergestellt sind. Festgelegt sind die Grenzwerte für Formaldehyd, Schwermetalle, Pestizide, Pentachlorphenol (PCP), Tetrachlorphenol (TeCP) sowie ein hautfreundlicher

pH-Wert. Der Grenzwert für Formaldehyd ist vergleichsweise niedrig. Verboten ist die Verwendung von Azofarbstoffen und PVC. Die Produkte werden auf zinnorganische Verbindungen untersucht. Es findet eine Prüfung von Schweiß-, Reibe-, Wasser-, und Speichelechtheit statt.
Die Otto GmbH achtet aber auch darauf, dass die zur Herstellung der Textilien verwendete Bio-Baumwolle nach der entsprechenden EU-Richtlinie zertifiziert ist. Um das Etikett »Purewear« zu erhalten, müssen die Hersteller ein Textilmuster bei Prüfinstituten einreichen. Sie verpflichten sich, alle Waren dem Muster entsprechend herzustellen. Kontrolleure überwachen fortlaufend die Einhaltung ökologischer Standards.
An der Entwicklung der Vergabekriterien haben sich verschiedene Interessengruppen und Wissenschaftler vom Öko-Institut der Universität Oldenburg beteiligt.

- ↓ **Unabhängigkeit**
- ↑ **Transparenz**
- ↑ **Regelmäßige Kontrolle**
- → **Gesetzliche Standards**
- ↑ **Ökologie/Umweltaspekt**

▶ FAZIT: **Verbraucher, die Kleidung mit dem »Purewear«-Zeichen kaufen, erhalten schadstoffgeprüfte Ware.**

Kosmetik ist ein sensibler Bereich, bei dem häufig auf die Inhaltsstoffe geachtet wird. Gerade Allergiker wissen Produkte zu schätzen, die möglichst natürlich hergestellt wurden. Daher widmen wir uns in diesem Kapitel Kosmetik, die die Bezeichnung »Natur« auch verdient. Der Begriff »Natur« ist nicht geschützt, und an den Inhaltsstoffen allein können Verbraucher nicht ablesen, ob es sich um ökologische Produkte handelt oder nicht.

Eine allgemein gültige Definition von Naturkosmetik gibt es bisher noch nicht, und so versuchen Verbände, wie der BDIH, der Bundesverband Deutscher Industrie- und Handelsunternehmen, für Arzneimittel, Reformwaren und Nahrungsergänzungsmittel, das Terrain abzustecken. Informationen dazu liefert der BDIH auf seiner Internetseite

www.bdih.de

Kosmetik

Kaninchen unter schützender Hand

Das Siegel »Kaninchen unter schützender Hand« kennzeichnet Kosmetikprodukte, die ohne Tierversuche entwickelt worden sind. Dazu zählen Hand- und Gesichtscremes, Lippenstifte, Badezusätze, Seifen, Shampoos, Puder, Sonnenschutzmittel, Gesichtswasser , Wimperntusche, Haarfärbemittel, Lidschatten und Ähnliches. Das Zeichen wurde vom Deutschen Tierschutzbund e.V. und dem Internationalen Herstellerverband gegen Tierversuche in der Kosmetik e.V. entwickelt. Die Richtlinien sehen vor, dass keine Rohstoffe verarbeitet werden, die nach dem 01.01.1979 in Tierversuchen getestet wurden.

Ebenso wenig dürfen Inhaltsstoffe von Tieren verwendet werden, die von der Ausrottung bedroht sind oder eigens für die Kosmetikherstellung getötet wurden. Werden Rohstoffe von lebenden Tieren verwendet, wie Milch, Lanolin oder Bienenwachs, sollten diese aus ökologischer Tierhaltung stammen. Außerdem müssen die Inhaltsstoffe vollständig auf der Verpackung angegeben werden. Sind die Richtlinien erfüllt, werden Hersteller und Händler in die so genannte Kosmetik-Positivliste des Deutschen Tierschutzbundes aufgenommen.

Die Bestimmungen für die Vergabe des Markenzeichens »Kaninchen unter schützender Hand« basieren sowohl auf gesundheitlichen als auch ökologischen Aspekten. Sie gehen über die gesetzlichen Bestimmungen (Kosmetikverordnung von 1985, Tierschutzgesetz, EU-Kosmetikrichtlinie) hinaus. Kontrollen durch den Deutschen Tierschutzbund gewährleisten die Einhaltung der strengen Kriterien. Hat ein Hersteller falsche Angaben gemacht, so droht eine Vertragsstrafe von bis zu 10 000 Euro.

www.tierschutzbund.de

▶ FAZIT: **Kosmetikartikel, die das Zeichen »Kaninchen unter schützender Hand« tragen, sind ohne Tierversuche hergestellt worden. Die Angabe aller Inhaltsstoffe auf der Verpackung ist für Personen mit empfindlicher Haut ein wichtiger Hinweis**

Unabhängigkeit →
Transparenz ↑
Regelmäßige Kontrolle ↑
Gesetzliche Standards ↑
Ökologie/Umweltaspekt ↑

neuform

Auch Kosmetikprodukte wie Seifen, Cremes, Lotionen und Shampoos gibt es aus dem Reformhaus. Sie tragen das »neuform«-Zeichen für Naturkosmetik, das sowohl gesundheitliche als auch ökologische Anforderungen an die Produkte stellt. Mit den Kriterien wird der Begriff Naturkosmetik, der bisher nicht eindeutig abgegrenzt ist, nachvollziehbar definiert:

– Natürliche und naturidentische Duft- und Farbstoffe aus Pflanzen und Mineralien werden bevorzugt eingesetzt.
– Zur Konservierung sind nur bestimmte, natürliche und naturidentische Hilfsstoffe zugelassen (z.B. Sorbinsäure).
– Kosmetikprodukte dürfen nicht im Tierversuch getestet worden sein.
– Alle tierischen Rohstoffe müssen aus artgerechter Tierhaltung stammen.
– Kein Einsatz von Stoffen vom toten Tier.

Die Einhaltung der Kriterien wird von neuform und externen Labors streng überwacht. Wenn Rohstoffe oder Endprodukte nicht in der vorgeschriebenen Qualität verfügbar sind, können die Produkte vorübergehend nicht im Reformhaus erhältlich sein.

www.neuform.de

- ↓ Unabhängigkeit
- ↑ Transparenz
- ↑ Regelmäßige Kontrolle
- ↑ Gesetzliche Standards
- ↑ Ökologie/Umweltaspekt

▶ FAZIT: **Das »neuform«-Zeichen schafft mehr Transparenz beim Kauf von Naturkosmetika im Reformhaus.**

Kontrollierte Natur-Kosmetik

Das Zeichen »Kontrollierte Natur-Kosmetik« wird vom BDIH, dem Bundesverband Deutscher Industrie- und Handelsunternehmen für Arzneimittel, Reformwaren, Nahrungsergänzungsmittel und Körperpflegemittel e.V. vergeben. Es zeichnet Kosmetik wie Seifen, Cremes, Lotionen oder Lippenstifte aus. Damit die Verbandsmitglieder das Zeichen verwenden können, muss der Anteil an Naturkosmetik im Sortiment mindestens 60 Prozent betragen. Der Kriterienkatalog des BDIH setzt auf strenge Regelungen. So sollen pflanzliche Rohstoffe möglichst ökologisch sein. Tierische Rohstoffe dürfen nur von lebenden Tieren gewonnen werden und aus ökologischer Tierhaltung gemäß der EU-Öko-Verordnung stammen. Auf synthetische Farb- und Duftstoffe, Silikone, Paraffine und andere Erdölprodukte wird verzichtet. Zur Konservierung sind neben natürlichen

Haltbarmachern nur bestimmte naturidentische Konservierungsmittel aus dem Labor zugelassen, die deklariert werden müssen.
In Bezug auf Tierversuche müssen die Kriterien der Tierschutzverbände eingehalten werden. Die Produktion soll umweltschonend verlaufen und die Verpackungen umweltverträglich sein. Der Einsatz von genmanipulierten Pflanzen ist ausgeschlossen. Auch soziale Komponenten spielen eine Rolle. Rohstoffe kommen aus Fair-Trade- und Dritte-Welt-Projekten.
Die Kriterien gehen über die gesetzlichen Bestimmungen hinaus und werden von externen Prüfinstituten kontrolliert. Wer gegen die Richtlinien verstößt, wird sanktioniert.

www.kontrollierte-naturkosmetik.de

www.bdih.de

▶ FAZIT: **Das Zeichen »Kontrollierte Naturkosmetik« bürgt für naturkosmetische Produkte mit nachvollziehbarer Zusammensetzung.**

- Unabhängigkeit →
- Transparenz ↑
- Regelmäßige Kontrolle ↑
- Gesetzliche Standards ↑
- Ökologie/Umweltaspekt ↑

Ecocert

Das Label «Ecocert« kennzeichnet Kosmetikprodukte, die aus ökologischer Herstellung stammen. Es wird von dem Ecocert-Verband vergeben, der weltweit als Kontroll- und Zertifizierungsstelle im Bereich Umwelt tätig ist. Er wurde 1991 von einer Gruppe engagierter Agrarwissenschaftler gegründet und begutachtet seitdem biologische Produkte. Für Naturkosmetik sieht der Verband ein Verbot von synthetischen Düften, Färbemitteln, Silikonen, Glycolen und Ähnlichem vor. Es darf zudem kein Erdöl verwendet werden und auch keine Lösungs- oder Emulsionsmittel.

www.ecocert.com

- Unabhängigkeit
- Transparenz
- Regelmäßige Kontrolle
- Gesetzliche Standards
- Ökologie/Umweltaspekt

▶ FAZIT: Das Siegel »Ecocert« liefert Verbrauchern eine gute Orientierung bei der Suche nach Naturkosmetik.

Linkliste

- **www.verbraucherzentrale.info**
  Internetseite der Verbraucherzentralen in Deutschland.
- **www.verbraucher.org**
  Portal der Verbraucher Initiative e.V.
- **www.label-online.de**
  Umfangreiche Datenbank der Verbraucher Initiative e.V. zu Gütesiegel und Label sowie Informationen und Nachrichten rund um nachhaltiges Leben.
- **www.allesoeko.net**
  Informationen der Verbraucherzentralen zum Thema ökologischer Landbau.
- **www.oekotest.de**
  Die Internetseiten von Ökotest enthalten Informationen über die Umweltfreundlichkeit von Konsumgütern.
- **www.stiftung-warentest.de**
  Internetportal der Zeitschrift Stiftung Warentest.
- **www.foodwatch.de**
  Foodwatch e.V. Auf dieser Seite finden Verbraucher Informationen rund um Ernährung und Lebensmittel. Sie zeigt, welche Schadstoffe in Lebensmitteln stecken können und wie sich Verbraucher schützen und wehren können.
- **www.oeko-fair.de**
  Informationen der Verbraucher Initiative e.V. und der Deutschen Gesellschaft für Technische Zusammenarbeit zu Produkten, Aktivitäten und Organisationen aus den Sektoren Ökologie und fairer Handel.
- **www.fibl.org**
  Internetseite des Forschungsinstituts für biologischen Landbau (FiBL), dem Wissens- und Dokumentationszentrum für Biolandbau.

Der Text dieses Buches entspricht den Regeln der neuen deutschen Rechtschreibung.

Sie finden uns auch im Internet unter
www.randomhouse.de/suedwest

ISBN 13: 978-3-517-08223-3
ISBN 10: 3-517-08223-6

Redaktion: Berliner Buchwerkstatt, Markus Neumann
Gestaltung und Satz: Berliner Buchwerkstatt, Ulrike Sindlinger
Bildredaktion: Elisabeth Franz, Annette Mayer
Umschlaggestaltung und Konzeption: R.M.E. Eschlbeck/Kreuzer/Botzenhardt
Konzeption & Realisation: ABC Medienagentur, Augsburg
Projektkoordination: Silke Kirsch

Druck: Druckerei Uhl, Radolfzell
Printed in Germany

817 2635 4453 6271